Osc

Grazia Deledda

Grazia Deledda

L'incendio nell'oliveto

Introduzione
di Vittorio Spinazzola

Arnoldo Mondadori Editore

Dalla narrativa d'appendice al premio Nobel

In un'opera giovanile, la Deledda definisce Eugenio Sue "quel gran romanziere glorioso o infame, secondo i gusti, ma certo molto atto a commuovere l'anima di un'ardente fanciulla". Queste parole illuminano efficacemente il clima in cui si svolse la sua formazione. Grazia nacque a Nuoro nel 1871, da famiglia benestante. Le elementari furono le sole scuole che frequentò regolarmente. In seguito si abbandonò a una congerie di letture, accavallando Dumas, Balzac, Byron, Hugo, Sue, Scott, e la Invernizio. La precoce vocazione di scrittrice si alimentò dunque di un disordinato ultraromanticismo, incline ai vividi contrasti di colori e linee, al fervore e all'enfasi dell'orchestrazione melodrammatica. Compose anche poesie, la Deledda, in quegli anni; ma presto si concentrò sulla prosa.

Nel 1886 pubblicò la prima novella, su un giornale nuorese; due anni più tardi cominciò a collaborare alla rivista "Ultima moda", ancora con racconti. Del 1890 è il primo romanzo, apparso sull'"Avvenire di Sardegna" col titolo *Stella d'Oriente* e la firma Ilia di Sant'Ismael. Non meno eloquenti sono i titoli degli altri scritti di questo periodo: *Nell'azzurro, Amore regale, Fior di Sardegna, La regina delle tenebre*. Siamo nell'ambito di un gusto feuilletonistico, quale poteva accendere la fantasia di una ragazza cresciuta trasognatamente nell'ombra di una fra le più remote province italiane.

A disciplinare questo apprendistato fu decisivo l'influsso della narrativa verista: sull'esempio del Verga, la Deledda è tratta a chinarsi con commossa partecipazione sulla vita effettuale del suo popolo, osservandone i costumi, meditandone la sorte. Accanto ai pescatori e contadini siciliani assumono così dignità letteraria i servi pastori delle *tancas* della Barbagia, i garzoni delle fattorie sperdute alle falde del Gennargentu e dell'Orthobene, le massaie la cui vita trascorre presso il grande focolare, nelle silenziose case del Nuorese, nudamente severe. Nel 1896 *La via del male* ottiene il plauso di Luigi Capuana, critico militante illustre e araldo del verbo verista.

La fama della scrittrice comincia a espandersi fuori dell'isola. Ma assieme, la sua personalità ancora imperfettamente formata viene sottoposta a nuove, violente e contrastanti sollecitazioni. L'orizzonte narrativo è ormai in larga misura dominato dalla prosa dannunziana, sensualmente lussureggiante; le si affiancano i morbidi resoconti di inquietudini spirituali esposti dal Fogazzaro. Anche le voci provenienti dall'esterno assumono un timbro di novità: all'influenza del realismo e naturalismo francese, Flaubert, Zola, Maupassant, va subentrando quella del romanzo russo: attraverso Tolstoj e Dostoevskij si compie l'affascinante rivelazione di esperienze di vita collettiva e dimensioni di coscienza largamente inedite per i nostri scrittori. La letteratura italiana conosce insomma un periodo di intenso travaglio, nel quale si riflette il turbamento che scuote l'intero corpo sociale. L'epoca del postrisorgimento è finita. Le classi subalterne si affacciano alla scena storica, ponendo in questione l'assetto che i ceti dirigenti della borghesia liberale hanno dato allo stato unitario. Ai primi moti anarchici è succeduta la formazione e rapida crescita del movimento socialista. Il tentativo di risposta autoritaria impersonato da Francesco Crispi fallisce, con la tragica conclusione dell'impresa africana. La tensione però non si placa ma aumenta, sino a sfociare nei moti operai e contadini di fine secolo, in Sicilia, in Lunigiana, a Milano, sanguinosamente repressi dall'esercito.

Questi avvenimenti imponevano agli intellettuali, ai letterati di assumere delle posizioni, di operare delle scelte che, chiamando in causa l'intera responsabilità personale, investivano anche l'attività espressiva. Il fenomeno assunse una configurazione complessivamente univoca: l'aspetto piú evidente fu uno spostamento di interessi dal terreno storico-sociale allo psicologico-individuale, e l'abbandono di ogni accenno di protesta avanzata a nome e per conto delle classi popolari. Anche la Deledda partecipò di questo processo involutivo. Ed ecco scompaiono dalla sua opera i pur vaghi

6

spunti solidaristici e filantropici in romanzi come *Anime oneste, Colombi e sparvieri, La via del male* (che, a detta dell'autrice stessa, avrebbe sollevato rumore « perché ha anche una leggera tinta di socialismo »).

Si compiva intanto l'avvenimento decisivo della sua vita privata. Lasciata finalmente per la prima volta Nuoro, nel 1899, si recava a Cagliari; vi conosceva il funzionario statale Palmiro Madesani, gli si univa in matrimonio e l'anno successivo si trasferiva con lui a Roma. Nella capitale trascorrerà tutti gli anni rimanenti, in una tranquillità raccolta, mai incrinata da turbamenti esterni di qualche rilievo, sino alla morte, nel 1936. La nuova condizione di esistenza le offrí l'opportunità di riconoscere meglio le proprie autentiche inclinazioni, alla luce delle nuove forme d'arte cui s'era nel frattempo accostata. Cosí il mutamento di stati d'animo che negli altri veristi ebbe un significato di sfiducia, rinunzia, retrocessione ideale, per lei fu motivo di rinvigorimento e le consentí di prolungare la sua operosità anche quando il movimento cui in qualche modo non cessava di appartenere era ormai in piena eclisse.

La miglior stagione creativa della Deledda si apre nel 1900, con la pubblicazione di *Elias Portolu* e annovera nei due decenni successivi, tra gli altri titoli, *Cenere, L'edera, Canne al vento, Marianna Sirca, L'incendio nell'uliveto, La madre*. In questi romanzi appare messo in disparte il sentimento dell'economicità, la lotta fra opposti egoismi utilitari che informava la narrativa verista. L'attenzione resta tuttavia aderente alla realtà del costume contemporaneo, concentrandosi su un motivo che i veristi appunto avevano fortemente sentito: la crisi dell'istituto familiare, nel tramonto delle norme etiche che tradizionalmente informavano gli affetti privati. Le lacerazioni interiori di cui l'individuo soffre al venir meno dei rapporti di coesione tra genitori e figli, tra coniugi, tra amanti acquistano piú dolorosa evidenza dal particolare sfondo ambientale: una terra, la Sardegna, in cui il retaggio morale degli avi è saldamente insediato nelle coscienze, assumendo sostanza di tabú religioso. Chi contravviene alla legge è dunque tutto pervaso d'orrore per il peccato che sente crescere dentro di sé e cui tuttavia non sa né vuole resistere. Perciò gli eroi della Deledda non hanno

mai alcun tratto superomistico: la passione da cui sono so-
spinti non conosce i compiacimenti orgogliosi che esaltano
sopra se stesse le creature dannunziane. D'altronde la scrittrice non sottopone il loro turbamento ad alcun esame ana-
litico: si limita a riviverne intensamente la genuinità emoti-
va. Condivide l'ottica mentale dei personaggi; assieme a loro
attende il funesto approssimarsi della tempesta; la affronta
tendendo disperatamente ogni energia: ma lascia al destino
decidere le sorti dello scontro.

Il metodo narrativo della Deledda consiste in una ade-
sione immediata alla realtà vitale, sentita come il luogo di
un eterno contrasto fra opposte forze, che ponendo a prova
tutte le doti dell'uomo ne impegnano e ne realizzano al più
alto grado l'umanità. Una forma di realismo coscienziale, insomma, in cui la materialità dell'esistenza appare fortemente
spiritualizzata. Nondimeno, i fatti oggettivi riluttano ad assumere un valore di simbolo, così come ad accettare una
motivazione metafisica. Le occasioni della vita non riman-
dano ad altro che alla vita stessa, la quale è incapace di
fornir loro un significato logico e di ordinarli a un fine di
progresso storico. Il vitalismo della Deledda ha una sostanza
tormentosamente antiidillica che induce la scrittrice ad affa-
ticarsi di romanzo in romanzo sui termini di una contraddi-
zione destinata a rimanere insolubile, in quanto non illuminata da una organica concezione ideologica o fideistica.

Alla base dei suoi libri c'è sempre un urto fra vecchio e
nuovo: l'impulso a contravvenire alla legge deriva da un
mutamento di stato sociale e di condizione morale, comun-
que da un arricchimento di esperienza che induce il prota-
gonista a guardare con occhi diversi il mondo di cui ha sino
allora condiviso l'ordine. Egli appare dunque l'oggettivo por-
tatore di una esigenza di rinnovamento, che tuttavia lo urge
in modo del tutto irriflesso e proprio perciò non acquista il
valore di verità necessario per dare morte alle antiche con-
cezioni: il tabù non incombe mai tanto pauroso come sul-
l'animo di chi è fatalmente trascinato ad infrangerlo. Si spie-
gano così le incertezze strutturali e le ineguaglianze stilistiche
che spesso viziano questi libri: le effusioni liriche, le insisten-
ze patetiche, le divagazioni descrittive. Tuttavia il senso della
miglior narrativa deleddiana sta proprio nella sua irresolu-

tezza, poiché da essa nasce la forza drammatica degli episodi in cui la crisi delle coscienze esplode, portando finalmente in luce l'unico principio etico cui vada riconosciuto un valore integralmente positivo: il sacrificio di sé.

Certo, la presenza di Dio aleggia ancora sul mondo umano. Ma rappresenta piuttosto il limite dei nostri sforzi che non una certezza, verificabile giorno per giorno, dalla quale attingere fiducia per operare e combattere. Nessuna provvidenza soccorre gli uomini nei loro faticosi erramenti: ma essi non si rassegnano a sentirsene abbandonati. Solo nell'ultima fase della narrativa deleddiana l'ambiguità tende a risolversi.

Subentra la volontà di acquistare una maggior compostezza rappresentativa e nitore di scrittura, sorretti da un più saldo equilibrio di ragioni morali. A sanzionare questa svolta interviene, nel 1926, il premio Nobel: il primo assegnato all'Italia dopo l'ormai lontano caso del Carducci. Ma il miglior decoro formale cui la scrittrice perviene rappresenta una perdita, non un acquisto, in quanto ha luogo sotto il segno di un rientro nell'ordine dei valori costituiti, che indica un diminuito fervore etico e una accentuata stanchezza della fantasia.

Così nei romanzi della vecchiaia — *Annalena Bilsini, Il paese del vento, La chiesa della solitudine* — si attenua fortemente l'interesse di testimonianza offerto dalla rappresentazione del lungo travaglio di un popolo sospeso e incerto tra l'arcaismo oppressivo di una civiltà contadina-feudale non ancora dissolta e la modernità di un mondo borghese incapace di assolvere una funzione davvero liberatoria nei confronti dell'individuo, immettendolo in una collettività solidamente rinnovata. Sub specie Sardiniae è dell'intera Italia che la Deledda parla, riflettendo stati d'animo largamente diffusi, nei primi tormentati decenni del secolo. Qui sta il motivo essenziale della sua non immeritata fortuna di pubblico.

Vittorio Spinazzola

Alcuni giudizi

La vera ispirazione [della Deledda] è come un fondo di ricordi dell'infanzia e dell'adolescenza, e nella trama di quei ricordi quasi figure che vanno e si mutano sul fermo paesaggio, si compongono i sempre nuovi racconti. Anzi, poiché i primi affetti di lei si formarono essenzialmente con la sostanza di quel paesaggio che ella disegnava sulla vita della nativa Sardegna, è lecito dire, anche per questa via, che l'arte della Deledda è essenzialmente un'arte di paesaggio.

Per essere restata fedele al suo primo e disinteressato possesso del mondo, la Deledda non ha avuto bisogno di chiudersi nella chiostra della sua persona, e scrivere soltanto di sé stessa, con quel curioso egoismo dell'autobiografia, che salvo rare eccezioni è piuttosto femminile, anche quando è praticato dagli uomini.

Non dico la frase comune che ella sia interprete della Sardegna: è una frase che non giova e che non conta: la Deledda ha interpretato il "suo" paesaggio, ed è di quelli, tra i suoi affetti, che si faranno profili di montagne, di valli, di boschi, di brughiere, d'armenti, di uomini: e tutta la sua migliore arte è anzi una nostalgia di affetti immaginati, perché la vita effettiva è sempre diversa dall'immagine che si accarezza, cosí come sono dolci, il ricordo che sorpassa la bruta materia su cui sorge, e il futuro che, sollevato sulla materia, la muta in desiderio: è un mondo di nostalgia inventiva e non volontà di quella vita reale, alla quale neppure i personaggi vi aderiscono in desiderio, per la legge che li porta, essi, nati su quella terra a desiderare una terra diversa e un diverso stato, a invidiare perfino quei "ladri d'oltremare" di cui parla Elias Portolu tornando dal penitenziario.

Francesco Flora

Quale posto occupa la Deledda nella letteratura contemporanea? Le sue prime pagine notevoli sono posteriori ai maggiori romanzi del verismo, i suoi migliori romanzi sono contemporanei alla letteratura decadente ed autobiografica. Tuttavia il decadentismo della Deledda è episodico ed estraneo al suo temperamento; e quello che c'è di sano nei suoi romanzi attinge una zona molto diversa dal regionalismo o verismo di un Verga o di una Serao [...]. Il regionalismo della Deledda ha un carattere solennemente morale, d'un timbro e d'una tempra ignoti al verismo. Per saggiare la consistenza di quest'affermazione basta un confronto. A proposito della Deledda molti hanno accennato alla letteratura russa: è un motivo da approfondire; intanto osserviamo che a proposito della letteratura russa, nonostante la sua fisionomia etnica potentemente caratteristica, non si parla di regionalismo. Chiamare regionalisti Gonciarov, Gogol, Tolstoi, Dostoiewskj sarebbe diminuirli: cosí per la Deledda. Voglio dire, diminuirli moralmente, piú che artisticamente. Appunto, l'interesse che spinge la Deledda a scrivere è morale: nei suoi libri migliori quello che si suol chiamare l'elemento folcloristico è un puro e raro accessorio.

Eppure le sue opere belle hanno sempre un carattere prepotentemente sardo. Qui sono il centro e il problema della sua arte. Il carattere dei romanzi della Deledda, come dei romanzi russi, è dato da quell'elemento costante, profondo, inconsapevole e indefinito che avvicina fra loro, nonostante ogni differenza di educazione e di cultura, uomini della stessa stirpe: e questo elemento non si ritrova in nessuno dei nostri romanzieri veristi. La sicilianità del Verga è molto più facilmente definibile che la sardità della Deledda.

Attilio Momigliano

Per la Deledda, l'influenza della regione e del dialetto doveva limitarsi (oltre a quel che dalla sua terra le s'infuse nel sangue) a un apporto, certo notevole, di parole, temi, leggende, proverbi; senza però che dal dialetto, troppo eterogeneo e inassimilabile il suo linguaggio fosse a cosí dire irrigato, come fu nel Verga, d'una forza ad un tempo naturale e tradizionale. Del suo mondo tra barbaro e medievalesco la Deledda cominciò a scrivere in una lingua come quella in cui venivano tradotti i romanzi della Werner, di Ouida e di Ohnet. Col maturarsi del talento, con l'assiduo esercizio della penna, questa lingua comune e ventosa le andò, è vero, trasformandosi e concretandosi, acquistò agilità, lucentezza ed acume: ma sempre all'infuori d'ogni attivo influsso dialettale.

In altri termini: ciò che la Deledda poté trarre dalla vita della provincia sarda, non s'improntò in lei di naturalismo e verismo: o in misura infinitamente minore di quanto era stato per i narratori siculi e napoletani. Sia i motivi e gli intrecci, sia il materiale linguistico, in lei presero subito di lirico e fiabesco. *Deus ex machina* delle narrazioni veriste era l'interesse, la roba, la lotta per il soldo, o la passione nei suoi eccessi carnali. Ma, nella Deledda, sono amori cui governa una oscura fatalità, sono vaghi rimorsi, febbri d'espiazione, mistiche malattie della coscienza. Anche negli aspetti materiali, le sue figure non hanno l'ostinata solidità e quadratura del ceppo popolaresco. Sembrano piuttosto i discendenti d'una regia stirpe pastorale decaduta; in questo processo di decadimento, logoratisi e ingentilitisi tanto al fisico che al morale. Un tormento ineffabile, una sorta di morbo sacro li isola, li consuma, li fa errare in pensieri malfermi, in azioni contraddittorie. Per quello ch'è il loro stato civile: personaggi campagnuoli, o passati alla piccola borghesia, si covano in petto una psicologia alonare, tentacolare; benché siano anche capaci di discriminazioni sottilissime; ed hanno con la natura una qualità di colloqui ch'è in tutto fuor dell'indole di genti cosifatte...

Il piú bel premio toccato alla bontà della Deledda, alla nobiltà della sua vita, alla sua esemplare passione di lavoro, fu certamente questo: che le venne risparmiato di sentirsi stanca, meno valida e operosa; le venne risparmiato di sentirsi decadere. Come quelle intrepide donne dei suoi libri e dei suoi monti, filò la sua lana fino all'ultimo. E nel suo profondo disinteresse del già fatto, nella sua ansia del meglio, ella sembrava non essersi nemmeno accorta, per non dovere insuperbirne, che il filo tra le sue dita diventava d'una sostanza ogni giorno piú preziosa, diventava il filo d'una magia, di una fatagione.

Emilio Cecchi

Si è detto che la Deledda cosí ricca di cose belle, manca però di un capolavoro. Ed è vero. Ma è anche vero che i suoi libri — di là dai difetti o dalle impure mescolanze che talvolta presentano — vanno intesi come parti di un ciclo:

"libri", appunto, in senso classico, d'un ampio poema che prende posto fra le opere piú insigni di questo cinquantennio, non italiano soltanto.

Arnaldo Bocelli

Se è vero quanto sostengono i dottori piú accreditati del *nouveau roman,* che la soluzione del dialogo è la piú tipica del romanzo moderno e che il giuoco un tempo assolto dall'analisi psicologica e dalla descrizione d'ambiente, è quasi interamente riportato, nel romanzo attuale, all'urto dialogico tra verità e banalità, tra convenzione e significazione, ora celandosi il narratore dietro l'aspetto della conversazione che potremmo chiamare rituale, ora infrangendo quel diaframma, ebbene il dialogo di Grazia Deledda è, a questo proposito, di una ricchezza e di una novità sbalorditiva. Nel dialogo tutto è implicito: la scena, il gesto, la didascalia; e penso a un'indicazione di Bellonci dov'egli dice che la Deledda « volle far diventare spettacolo le passioni le vicende i *gesti...* ». Il dialogo di Verga è tutto fuso nella narrazione. Nella Deledda diventa la struttura portante. E si veda com'essa rinuncia a qualsiasi espediente di discorso indiretto libero. Seguire sinuosamente il pensiero dei propri personaggi, o riprodurre il calco psicologico delle loro parole, quasi le ripugna: o li fa parlare o ce li descrive; oppure ne ascolta i monologhi interiori e li riferisce tra virgolette. Indubbiamente, cosí facendo, la Deledda ci offre un quadro stilistico abbastanza rudimentale; ma che cosa può esserci oggi di piú primitivo, e al tempo stesso di piú moderno, dei dialoghi di Ivy Compton-Burnett? Senonché, mentre la narratrice inglese raggiunge la sua grandezza quasi in stato di *trance,* nella Deledda c'era una consapevolezza assoluta del proprio mondo ideologico.

Luigi Baldacci

Opere di Grazia Deledda

Un'ampia scelta di scritti narrativi è fornita dai *Romanzi e novelle*, a cura di E. Cecchi, 4 voll., Milano, 1941 sgg. Altre, più recenti sillogi complessive, sono le *Opere scelte*, a cura di E. De Michelis, 2 voll., Milano, 1964; i *Romanzi e novelle*, a cura di N. Sapegno, Milano, 1971; e i *Romanzi sardi*, a cura di V. Spinazzola, Milano, 1981. Si vedano inoltre le pagine assegnate alla Deledda nei *Narratori dell'Ottocento e del primo Novecento*, a cura di A. Borlenghi, III, Milano-Napoli, 1963; ed i *Versi e prose giovanili*, a cura di A. Scano, Milano, 1938 (nuova ed., Milano, 1972).

Bibliografia critica

L. Capuana, in *Gli "ismi" contemporanei*, Catania, 1898; G. A. Borghese, in *La vita e il libro*, II, Torino, 1911; B. Croce, in *La letteratura della nuova Italia*, VI, Bari, 1940 (il saggio sulla D. è del 1934); A. Bocelli, *In morte di G. D.*, in "Nuova Antologia", 1936; A. Momigliano, in *Storia della letteratura italiana*, Milano-Messina, 1936; E. De Michelis, *G. D. e il decadentismo*, Firenze, 1938; P. Pancrazi, in *Ragguagli di Parnaso*, vol. II e III, Milano-Napoli, 1967 (gli scritti sulla D. sono del 1922, 1936, 1937); E. Cecchi, introduzione ai *Romanzi e novelle* citt. e in AA. VV., *Storia della letteratura italiana*, IX, Milano, 1969; N. Sapegno, in *Pagine di storia letteraria*, Palermo 1960 (il saggio sulla D. è del 1946); J. Petkanov, *L'opera di G. D.*, in "Annuario dell'Università di Sofia, Facoltà storico-filologica", 1948; L. Roncarati, *L'arte di G. D.*, Firenze-Messina, 1949; E. Buono, *G. D.*, Bari, 1951; G. Petronio, in Autori Vari, *Letteratura italiana. I contemporanei*, I, Milano, 1963; A. Piromalli, *Grazia Deledda*, Firenze 1968; V. Spinazzola, *G. Deledda e il pubblico*, in "Problemi", n. 35, 1973; M. Giacobbe, *G. D.*, Milano, 1973; M. Miccinesi, *G. D.*, Firenze, 1975; O. Lombardi, *Invito alla lettura di G. D.*, Milano, 1979; A. Dolfi, *G. D.*, Milano, 1979.

L'incendio nell'oliveto
1917

I

Dalla scranna antica che il lungo uso aveva sfondato e sbiadito, era ancora lei, la nonna Agostina Marini, quasi ottantenne e impotente a muoversi, che dominava sulla casa e sulla famiglia come una vecchia regina dal trono. Non le mancava neppure lo scettro: una canna pulita che il nipotino piú piccolo aveva cura di rinnovare ogni tanto; buona per dare sulle gambe ai ragazzi impertinenti e per scacciare i cani e le galline che penetravano dal cortile; ma soprattutto buona per frugare nel camino, davanti al quale la nonna sedeva in permanenza d'estate e d'inverno, e specialmente per frugarvi quando era sdegnata con qualcuno, cosa che le accadeva spesso.

Perché la canna non si accendesse il figlio Juanniccu le aveva applicato all'estremità un puntale di latta; e quel pomeriggio d'inverno la vecchia signora frugava nella cenere pensando appunto a questo suo figlio Juanniccu.

Era già quasi vecchio anche lui, ma viveva, come aveva sempre vissuto, ancora a carico della famiglia. Non per vizio, ma per indolenza, per abitudine. Le pareva di vederlo seduto accanto a lei, come un bambino incosciente, con gli abiti trasandati, i capelli lunghi sulla nuca fin sul bavero unto della giacca, la barba grigia non rasa da piú giorni sulle guancie grasse e molli scavate da solchi di sofferenza indifferente: e lo rimbrottava, al solito, pur sapendo di fare cosa inutile, mentr'egli la fissava con gli occhi distratti, timidi e castanei come quelli di un cervo.

"Eccoti lí, con le mani in tasca e i piedi parati al fuoco, con le scarpe fangose come quelle dei pezzenti vagabondi. E dove sei stato? Sono tre giorni che non ti vedo. Del resto è meglio, che non ti veda. Mi sembri l'immagine vivente dei miei peccati. E chi ti può vedere? Nessuno. Ti si sopporta perché si è cristiani; e basta. Tutti gli altri, della mia famiglia, hanno fatto buona riuscita: tu solo sei come l'ultimo pane andato a male, che nessuno vuole. Hai cinquant'anni e sei lí come un bambino che ne ha tre. Colpa mia, del resto. Eri l'ultimo, quello che non si vuol vedere crescere perché resti un bambino nella casa: e cosí sei rimasto. La pigrizia ti ha roso le ossa. E non eri stupido: hai anche studiato, ma adesso ti sei dimenticato persino di leggere. Fossi stato almeno vizioso; ti fossi almeno divertito! Neppure a questo sei stato buono. E morta io che farai? Nuora mia e i miei nipoti ti cacceranno via di casa come un vecchio cane." «Via, via!» disse a voce alta agitando la canna come per scacciare davvero un cane.

Ma la sua stessa voce la svegliò dal cattivo sogno.

Sentí che esagerava. Il piccolo patrimonio del quale la famiglia viveva era suo. E la nuora non possedeva un centesimo. Era una parente povera accolta adolescente in casa per badare ai bambini del figlio maggiore vedovo, del quale, poi, per convenienza, era diventata la seconda moglie.

Morto anche questo figlio maggiore, la vedova e i tre orfani, di cui l'ultimo nato dal secondo matrimonio, s'erano stretti intorno alla nonna come ad una madre comune, e le obbedivano ciecamente, uniti e nutriti tutti da un senso religioso della famiglia; e sopportavano, se non amavano, lo zio, perché convinti che ogni casa deve avere la sua croce.

Del resto egli non dava molestia: passava le giornate fuori, girando di qua e di là per le case dei parenti, e rientrava solo alla notte contentandosi di mangiare in cucina quello che gli lasciavano; poi andava a letto al buio in una stanza sotto il tetto.

Di giorno non lo si vedeva mai. La vecchia madre credette quindi di continuare a sognare nel vederlo in quel momento entrare dalla porta del cortile, guardandosi attorno timido e diffidente, e dirigersi rapido a lei. Al solito aveva le mani in tasca e il collo della giacca tirato su per il freddo; ma il viso esprimeva un'insolita animazione.

Attraversò la stanza camminando senza far rumore, come avesse le scarpe rotte; si fermò pesante e tremulo e volse le spalle al camino.

« Oh, » disse in fretta, sottovoce, « sono stato dal parente nostro ricco. La moglie, zia Paschedda Mura, se ne va. All'altro mondo se ne va, » aggiunse piú forte, facendo dei cenni alla madre che lo guardava, immediatamente turbata dalla notizia. « Sí, se ne va! Stava già poco bene fin dai giorni scorsi, e adesso, gira di qua, gira di là nel cortile e nell'orto, con la sua avarizia e la paura che le venga meno la roba, ecco che s'è presa la polmonite. E se ne va! E se ne va! »

Tacque, dopo aver ripetuto le ultime parole quasi con un senso d'irrisione, osservando sul viso della madre l'effetto che produceva la notizia.

La madre infatti era turbata, ma da un confuso senso di gioia.

Pensava ad un progetto di matrimonio vagheggiato da lei, e da tutta la famiglia, fra la nipote Annarosa e Stefano, il figlio laureato di zia Paschedda Mura: solo che questa zia Paschedda si opponeva perché a sua volta desiderava un matrimonio piú ricco per il suo Stefano.

Il vento di tramontana di quel rigido inverno spazzava dunque via l'ostacolo...

Subito però ella sentí la sua coscienza rimproverarle di desiderare quasi la morte della ricca parente.

« Paschedda è forte e ben nutrita. È di razza rustica che resiste a tutti i malanni e non morrà per cosí poco. E denari da pagare medici e medicine ne ha. Contami come è stato. »

Egli aveva poco da raccontare. Era stato dai Mura a passare qualche ora accanto al loro focolare come faceva ogni giorno di qua e di là in casa di tutti i parenti. Il vecchio Mura era fuori in campagna, il figlio Stefano, che faceva l'avvocato, in Tribunale.

« D'un tratto zia Paschedda rientra dal cortile, pallida, pallida, battendo i denti. La serva la fece andare a letto; lei non voleva, perché ha paura che, assente lei, qualcuno le porti via la roba di casa. Mi pregò di andare a chiamare Stefano, che era in Tribunale sebbene non avesse cause da discutere. Ma egli va in Tribunale e in Pretura per passare il tempo. E quando è in casa non bada a niente; legge sempre e poi guarda in su. Annarosa... »

S'interruppe e s'irrigidí, quasi spaventato, perché da una camera attigua s'avanzava la cognata.

Alta e forte, con la testa di una bellezza energica, incoronata da un diadema di grosse treccie nere, ella era tale davvero da far intimidire con la sua sola presenza; eppure anche lei si avanzò lieve, silenziosa, fermandosi timida accanto alla vecchia e guardando il cognato senza osare d'interrogárlo.

Il chiarore tremulo della fiamma parve accarezzarle la persona dalle forme piene ben rilevate da un semplice vestito nero quasi monacale, e il viso pallido ove la bocca carnosa un po' socchiusa sui denti intatti aveva qualcosa di caldo, di scintillante, che attirava piú che la luce velata dei grandi occhi scuri.

La vecchia si volse subito a lei.

« Caterina, Nina mia, Paschedda Mura è malata grave. Bisogna andare subito a trovarla e domandare se occorre qualche cosa. »

La nuora intese subito; anche nei suoi occhi brillò una rapida luce di gioia; gioia per la speranza del possibile matrimonio, ma anche per il pensiero di uscire, di veder cose nuove: perché di solito ella non andava mai fuori di casa.

« Ci andrai tu, Nina mia: metti dunque lo scialle e avverti Annarosa. »

« Annarosa non viene? »

« No, non è conveniente. Le dirai però che venga giú, che non stia alla finestra. Non è conveniente che stia alla finestra. Va, Nina mia, va. »

La donna andò su, senza perder tempo a domandare particolari al cognato. E questo rimaneva lí, intimidito, frenando tuttavia un sorriso di compatimento, mentre la madre profittava della sua presenza per tentare una predica.

« Cosa fai lí, in piedi, con le spalle al fuoco pronto ad andartene di nuovo in giro? Sta almeno in casa e prenditi da leggere la Bibbia. Tuo padre la leggeva tutti i santi giorni; ma tu non ti ricordi di tuo padre! Tutti si ricordano di lui, per le sue virtú, come sia morto ieri: tu solo lo hai dimenticato. E chi non si ricorda di lui?» proseguí, reclinando la testa con amarezza. «Di gente buona, era, e buono anche lui: e non sdegnava alcun lavoro, neppure quello di lavorare la terra come un contadino. Il mio podere, che era una vera pietraia, lo ha coltivato lui: olivi e mandorli e noci, tutto ha piantato lui; eppure il libro lo aveva sempre in tasca, per non dimenticarsi di leggere. Uomo di talento, era, e tutti amavano la sua compagnia; tutti, persino gli alti impiegati, venivano a cercarlo, come si cerca un gran signore. E non era che un piccolo proprietario che badava alla sua roba e viveva nel santo timore di Dio. Anche sindaco è stato: e tutti i partiti gli volevano bene: una volta lo stesso vescovo lo mandò a chiamare per un consiglio. E tuo fratello, lo ricordi? Sembrava un santo: avrebbe potuto dir messa come un sacerdote, tanto era somigliante al padre e di buoni costumi. Nuora mia può dirlo, com'era docile, e buono; mai gridava, mai parlava a voce alta. E cosí è morto, figlio mio: morto strapazzandosi per il bene della famiglia; anche lui lavorava giorno per giorno come un manovale: e il figlio, Agostino mio, ne ha preso bene l'esempio e l'insegnamento; lui solo ha ereditato dal nonno e dal padre, Agostineddu mio, capo di famiglia a quindici anni. Adesso ne ha venti, ma è come ne abbia cinquanta; sempre a lavorare, lui padrone e servo nello stesso tempo, consacrando la sua miglior gioventú alla famiglia. Tu solo te ne stai cosí, per le case altrui, a contare inutilmente le ore. Sarebbe tempo almeno adesso di metterti a fare una vita cristiana: tu credi che non si badi a te? Si bada, sí, e tu pregiudichi la famiglia, specialmente Annarosa che deve trovare marito...»

L'uomo ascoltava senza protestare ma anche senza commuoversi: solo tendeva l'orecchio per paura che Annarosa scendesse e lo trovasse lí. Sentiva, attraverso il soffitto di legno, il passo delle donne, nelle camere di sopra; poi nelle scale e nel corridoio; e prima che l'uscio di questo si riaprisse egli si scostò dal camino, col suo passo cauto e silenzioso, attraversò la cucina e se ne andò per la porta del cortile.

Ma solo la nuora rientrò.

Chiusa nel suo scialle a punta, che le rendeva il viso piú pallido, come d'avorio, salutò la vecchia dicendole che Annarosa sarebbe scesa subito.

«Io vado, allora?»

«Va. E ascoltami. Parlare poco. E se non vedi buona accoglienza, fa vista di nulla ma vieni via subito. Inteso hai?»

«Inteso.»

Ella se ne andò, col suo passo agile, dondolando un po' i fianchi sotto lo scialle; la vecchia rimase di nuovo sola e ricominciò a frugare nel fuoco; poi d'un tratto si sollevò, s'accomodò sulla fronte le due alette di capelli bianchi crespi sfuggenti dal fazzoletto nero che le stringeva il piccolo viso legnoso, e batté la canna sulla sedia accanto. Gli occhi d'un colore vago, cangiante, brillavano nel cavo bruno delle occhiaie come in una lontananza scura.

L'assenza e l'indifferenza di Annarosa cominciavano a irritarla. Eppure di solito era lei a farle compagnia, seduta a lavorare e a leggere accanto al fuoco o sotto la finestra alta sul cui scalino stava il suo paniere da lavoro.

La luce rosea e fredda del tramonto ventoso si

spegneva sui piccoli vetri tremanti; e quando questi per qualche momento cessavano di sbattersi, si sentiva il lontano gracchiare dei corvi negli orti sopra la valle. Pareva di essere in una casa solitaria di campagna. E veramente l'interno era tale, con le stanze imbiancate con la calce e le finestre piccole e alte, gli usci bassi che davano tutti su quella vasta e nuda stanza da pranzo dove il lucido tavolo di castagno rifletteva la luce rosea della finestra, e il pavimento di legno scuro faceva risaltare il bianco delle pareti.

Dal suo posto la nonna vedeva tutto il piano terreno; a sinistra la sua e un'altra camera con le finestre sull'orto; a destra la cucina e attraverso la porta di questa una specie di portichetto sostenuto da due pilastri in muratura intorno ai quali si attortigliava la vite, e il pozzo di pietra sullo sfondo del portone rossastro del cortile.

Di solito tutti entravano ed uscivano di qui, sebbene parallelo alla cucina si allungasse un corridoio con la porta d'ingresso sulla strada. Il portone era sempre socchiuso e le donne del vicinato entravano liberamente ad attingere acqua dal pozzo, e se la cucina era aperta lasciavano l'anfora nel cortile e si spingevano fino alla stanza da pranzo per salutare la nonna e scaldarsi le unghie alla fiamma.

Quel giorno tutto era chiuso per il gran freddo; ma il vento che aumentava col cadere della sera di un tratto spalancò sbattendola con violenza la porta della cucina. A quel rumore Annarosa si decise a scendere. Venne di corsa dal corridoio e uscì nel portichetto come per vedere che cosa accadeva. Il vento le spingeva fra le gambe dritte le vesti corte disegnando le sue forme ancora un po' dure, quasi adolescenti, le sollevava sopra la camicetta rossa le ali frangiate dello scialletto nero e le scompigliava intorno al viso bruno i capelli neri crespi.

Sebbene nel cortile non ci fosse nessuno, ella si attardò a guardare di qua e di là, coi grandi occhi diffidenti, tutta agitata dal vento come un grande pettirosso.

Finalmente rientrò, piegandosi davanti al fuoco per scaldarsi le mani; e d'improvviso, come stordita dal calore e dalla luce della fiamma, si lasciò cadere seduta sulla pietra del focolare appoggiando la testa all'anta del camino.

Allora la nonna, che già l'osservava attenta, le vide il viso macchiato di rosso e le palpebre gonfie di chi ha pianto. Ecco perché indugiava a scendere e s'era esposta al vento; per farsi cancellare dal viso le traccie delle lagrime! Ohi, ohi, che moscone nero le ronzava intorno?

« Annarosa, tua madre è uscita. Non ti ha dunque detto nulla? »

« Ma sí! È andata a visitare zia Paschedda Mura. »

« È malata grave, Paschedda Mura; lo sai? »

« Se è malata Dio l'aiuterà a guarire! »

Quest'accento insolitamente ostile sorprese la nonna, che pure non osò insistere sull'argomento. Un senso improvviso di timidezza glielo impediva.

Ma continuò ad osservare Annarosa quasi a spiarne sul viso i pensieri. E Annarosa non cercava piú di nascondersi, anzi rivolgeva al fuoco il viso ancora ingombro di ciocche di capelli, e le ombre tremule e le luci che il chiarore della fiamma vi diffondeva parevano prodotte dallo sbattersi delle lunghe ciglia e dal lieve tremito della bocca sdegnosa.

Pensava a quei suoi parenti che, sebbene d'un ramo paesano della famiglia, la nonna e il fratello nominavano sempre con grande rispetto.

Qualche volta zio Fredu Mura e la moglie venivano a far visita alla nonna: visite fredde, quasi di etichetta, alla cui conversazione lei non prendeva mai parte.

Di Stefano ricordava che era venuto solo due o tre volte, anni avanti, per certi affari di famiglia, e a lei non aveva neppur badato.

Ma ecco, le pare di rivedere, nei mucchi di brage accumulati sulla cenere del camino, un paesaggio di montagna, al tramonto. Si è in una festa campestre, e si balla sotto il bosco al suono della fisarmonica. Stefano s'avanza e la invita a ballare. Grande e grosso, pallido e con gli occhi d'un nero profondo, con le palpebre grevi, come assonnate, sembra piú vecchio della sua età; tuttavia è con una certa timidezza goffa che s'avvicina a lei, sebbene anche lei sia la ragazza piú vergognosa della schiera intorno riunita.

Fin d'allora si parlava d'un possibile matrimonio fra loro due; e le pareva di rivedere ancora tra l'ombra del bosco e lo sfondo rosso del tramonto gli occhi delle altre ragazze, che seguivano con invidia il suo giro di danza e la credevano palpitante di gioia fra le braccia di Stefano.

E lei palpitava davvero, ma non di gioia. Stefano non le parlava, ma la stringeva forte e pareva volesse penetrarle le vesti con le sue dita; e il contatto del corpo vigoroso di lui, l'odore del sigaro, il calore della mano tenace, le davano un turbamento profondo: la attiravano e la respingevano.

E aspettava quasi con terrore che egli le parlasse finalmente d'amore e le chiedesse di diventare sua moglie. Perché lei non voleva certo disobbedire alla famiglia; ma amava un altro.

Il brontolío della nonna la richiamò alla realtà.

« È quasi notte e Gavino non torna. E neppure quella scempia della serva. Quando son fuori non si ricordano piú della casa. Ma il ragazzo bisogna frenarlo: altrimenti finirà come quell'altro. »

Annarosa s'alzò protestando.

« Non tutti si devono rassomigliare. E non c'è bisogno di far sempre pesare i morti sui vivi. »

« Annarosa! Zio tuo non è morto: morto fosse, meglio! »

« È peggio che morto! Ma la sua miseria se la porta lui. E lasciate che ognuno vada per la sua via; tanto si arriva tutti allo stesso punto. »

« Annarosa! A questo punto bisogna arrivarci bene, non male. »

« Male è passare la vita male... come... »

Non osò proseguire: vedeva la nonna farsi rossa per lo sdegno, con gli occhi loschi, con la canna che le tremava fra le mani: e aveva paura di irritarla e addolorarla; le sembrava di essere sotto un vecchio muro che ad un urto troppo forte poteva crollarle addosso.

« Chi è che passa la vita male? Tu forse? Di che cosa puoi lamentarti? Sei orfana, perché il Signore ha comandato cosí, ma non sei rimasta sola, ed hai la casa e chi ti vuol bene e ti protegge. È che volete solo il godimento, i giovani d'oggi; volete solo la parte dolce della vita; il piacere sí, il dovere no! Ma la vita è come un frutto con una parte al sole e l'altra all'ombra: una matura e l'altra acerba. Spiccarlo com'è, bisogna. Io sono vecchia; mi pare di aver vissuto sempre da quando è cominciato il mondo; e tutto ho veduto, Annarò! E ti dico che bisogna seguire i precetti di Dio, le leggi eterne, per essere contenti. Detto te l'ho, tante volte, Annarosa, di leggere la Bibbia invece dei cattivi libri che tieni sempre in tasca e sotto il capezzale. Tuo nonno leggeva sempre la Bibbia ed era l'uomo piú contento ch'io abbia conosciuto. Non ha mai pianto. »

Annarosa non replicò. Erano tutti abituati a quei sermoni; ne erano talmente imbevuti da non provarne piú impressione e neppur noia.

D'altronde qualcuno entrava. Era la servetta di ritorno dall'oliveto ove era stata tutto il giorno a cogliere olive; e ne recava un cestino colmo sul capo. Annarosa le andò incontro e parve volesse dirle qualche cosa, mentre con le sue mani fini l'aiutava a mettere giú il cestino delle olive grosse e violette come prugne: poi chinò la testa pensierosa e tornò accanto al fuoco.

Anche la servetta si cacciò fin dentro il camino per scaldarsi: aveva le vesti cosí fredde e dure che parevano ghiacciate; e non poteva piegare le dita gonfie per i geloni, né chiudere la bocca per le screpolature delle labbra; eppure si diede subito premura di allontanare dal fuoco il piede della vecchia padrona perché la scarpa non si bruciasse, e appena poté riprendere respiro cominciò il resoconto della giornata.

« Oh, bisogna farvi sapere che ci sono dei ladri in giro, laggiú. S'è visto persino la traccia di zio Saba, quel vecchione che ha un piede solo. È facile a riconoscersi, la sua traccia! Ha ripulito, sotto gli olivi; dove passa lui pare passino le locuste. Allora il padroncino Agostino (il suo viso delicato di bambina diventava rigido di rispetto e di ammirazione, quando si nominava il padroncino Agostino) ha deciso di passare giú la notte al podere per guardare le olive. Quelle che erano per terra le abbiamo raccolte tutte, fino all'ultima. C'era un vento che entrava in corpo come un diavolo; ma lui, il padroncino Agostino, non ha sollevato nemmeno la schiena finché non ha veduto gli spiazzi puliti come questo pavimento. E mi pungeva con una fronda per sollecitarmi. In coscienza mia, quell'uomo vuol diventare ricco prima del tempo. »

« Lavorare bisogna, Mikedda mia, » disse la vecchia padrona.

« Domani, dunque, bisogna mandare giú un carro, per portar su le olive. Sono entrata qui da zio Taneddu e l'ho avvertito. Ha la moglie malata, ma andrà lo stesso. Lavorare bisogna! » concluse pensierosa Mikedda, sfregandosi una mano con la palma dell'altra.

La vecchia padrona si informò che malattia aveva la moglie di zio Taneddu. Erano, marito e moglie, i piú prossimi vicini di casa; tutti e due stati un tempo suoi servi, ancora spesso lavoravano per conto suo, specialmente l'uomo, che era un bravo contadino.

« È raffreddata, con la febbre. Con questo tempo chi non prende un malanno? »

« Anche Paschedda Mura è malata grave. »

La ragazza sobbalzò; disse: « Allora... » ma non proseguí. Anche lei pensava che se la ricca paesana moriva, il matrimonio della padrona piccola si concludeva. Ma la padrona piccola, ritornata lí silenziosa presso il camino, era cosí triste e di umor serio che conveniva parlare d'altro.

La nonna domandava se Agostino aveva abbastanza da coprirsi durante la notte.

« Ha il cappotto e un sacco di lana. Del resto a lui che importa? Non sente né freddo né caldo: è come gli eremiti, fatto di pietra! » esclamò Mikedda.

E d'un tratto si lasciò anche lei cadere aggomitolata per terra fra la scranna e la parete, sognando. La figura del suo sogno non può essere che quella del padroncino Agostino, su lo sfondo dell'oliveto. Il vento scuote i vecchi olivi fitti sulla china della valle, dando loro ondulazioni e toni grigi cangianti come di nuvole; le olive cadono, verdoline e violacee lucenti come perle e bisogna sveltirsi a raccoglierle dalla terra fredda. Quando il cestino ne è colmo si va a vuotarlo entro la casetta, ove ce n'è già un bel mucchio. Il padroncino l'aiuta a sollevare e mettere il cestino sulla testa, e lei sta là tutta tesa nell'atto di sostenere con ambe le mani il suo carico, con la speranza e la paura che Agostino voglia darle un bacio; poi corre nella casetta nascosta fra gli olivi in cima al podere, e senza togliersi di testa il cestino versa dall'alto, sul mucchio, le olive: alcune le rotolano sul viso e le dànno un brivido come fossero grosse goccie d'acqua. Dopo essersi indugiata nel gioco, s'affretta a uscire perché già sente il passo di Agostino ed ha paura di essere sgridata. Egli infatti la sgrida rincorrendola come per picchiarla; ma lei pensa, che se riesce a prenderla forse la bacerà, e gli butta il cestino contro gridando:

« Lo dirò a nonna sua, se mi tocca! »

Il grido basta per salvarla, per salvarli tutti e due. E vanno lontani uno dall'altro a cogliere le olive, come separati dal vento.

Il rumore della porta che si spalancava e si sbat-

teva piú forte di quando l'aveva spinta il vento fece
trasalire le tre donne silenziose intorno al camino.
Un'ondata di vita, un odore di frescura e d'inchiostro
entrò nella stanza col piccolo Gavino. Per evitare il
sermone della nonna egli le si precipitò addosso, sfre-
gandole sul viso la guancia di mela matura, poi lasciò
cadere i libri in grembo ad Annarosa e prese la
canna.

«Ho tardato perché guardavo il corteo di un battesimo. Ma un battesimo curioso, nonna; sentite: precedeva la donna col bambino coperto da un manto
rosso che strascicava per terra: poi venivano la madrina e il padrino: la madrina vestita di rosso, il padrino col mantello. Il vento glielo gonfiava cosí, come un pallone. Poi veniva il padre della creatura alto e grasso, col cappotto di velluto e un'aria di padrone del mondo. Poi veniva un vecchio con una lunga barba, e un altro vecchio con un'altra lunga barba; poi uno zoppo, poi molte donne con ragazzini per
mano. Anche il padrino zoppicava un poco, ma poco
però: era Gioele Sanna!»

Annarosa balzò in piedi stringendosi al petto i libri per comprimere il palpito improvviso del suo cuore, sebbene dal suo angolo Mikedda gridasse per
smentire Gavino.

«Dammi la canna: voglio scacciare le tue bugie.
Gioele Sanna non è affatto in paese.»

«Ed io ti dico che l'ho veduto; aveva il mantello
gonfio cosí!» insisteva il ragazzo; e correva intorno
zoppicando e scuotendo le braccia per accennare gli
svolazzi del mantello; finché Annarosa non gli corse
dietro, e gli tolse la canna e il gabbano imponen-
dogli di smetterla col suo cattivo scherzo. Poi, accor-

31

gendosi d'essere osservata dalla nonna, ella andò nella camera attigua.

E la nonna ricominciò a frugare nella cenere ricordando che questo Gioele Sanna aveva fino a poco tempo prima frequentata la casa, e tutti della famiglia, compresa la serva, si burlavano di lui dicendolo innamorato di Annarosa. Si burlavano di lui perché oltre all'avere un lieve difetto a un piede, era un ragazzo povero e di bassa gente.

Il nonno materno era appunto quel vecchio contadino zio Saba, che aveva perduto una gamba in Crimea, ma era anche reduce di qualche antica condanna per furto.

I ragazzi si burlavano di Gioele anche perché dicevano che aveva ereditato la zoppaggine del nonno.

Il padre, poi, aveva fatto il magnano girovago, specie di zingaro, di quelli che vanno a piedi di paese in paese con paioli di rame sulle spalle. Adesso aveva una bottega di fabbro, in fondo alla strada, e lavorava anche di notte, per far studiare il figlio: ma il passato non si cancella né si spezza neppure a colpi di martello.

E la nonna continuava a frugare e a far dei segni sulla cenere, ricordando che nelle sere d'estate vedeva, dalla sua scranna voltata verso l'uscio, i nipotini aggruppati nel cortile intorno a Gioele che suonava una vecchia chitarra. I capelli lunghi intorno al viso pallido e liscio e certe ghette ch'egli si faceva da sé con striscie di panno gli davano un'aria di trovatore. Non cantava, però, e nel silenzio le note del suo strumento facevano più effetto: a volte vibravano cosí forti e armoniose che pareva scintillassero e cadessero come stelle filanti.

Annarosa ascòltava seduta sull'orlo del pozzo, o

anche sopra il muro del cortile, col viso bianco di luna e una ghirlanda di stelle sul capo; anche la vedova seduta all'ombra del portichetto d'ingresso e i contadini vicini accovacciati sulla soglia del portone aperto ascoltavano in silenzio. Persino lei, la nonna, si commoveva: era stata giovane anche lei!

Ma appena Gioele se ne andava e le ultime note della chitarra cadevano come gocce di oro nel silenzio della strada, i ragazzi si burlavano di lui, imitando il suo modo di camminare e di suonare, e dicevano ad Annarosa che egli l'avrebbe sposata per condurla in giro per il mondo, lei a cantare, lui ad accompagnarla con la chitarra.

Anche lei rideva, allora; ma adesso che Gioele è lontano e il sogno della fanciullezza finito, adesso piange e non permette che si burlino più di lui.

Non bisogna però diffidare troppo di quel pianto e dei modi bruschi di lei. La nonna sa bene che sono prodotti dell'orgoglio. E la segue con la coda dell'occhio, e la vede andare e venire nella camera attigua, rimettendo i libri e il gabbano del fratellino; e infine avvicinarsi alla finestra sull'orto e star lí ferma a pensare, forse a tentare di calmarsi.

La sua figura si disegnava immobile e scura sullo sfondo della finestra, piú alta del profilo dei monti lontani che si staccava bianco e grigio sul cielo verdognolo del crepuscolo e sulle cui cime piú alte apparivano e sparivano monumenti di nuvole come fatti di neve e abbattuti dal vento.

Annarosa guardava e pareva calma, intenta solo alle cose di fuori. Vedeva sotto la finestra l'orto grigio, a scaglioni, che scendeva fino allo stradone della valle. Al chiarore glauco del crepuscolo i cardi, i cavoli, le parietarie che coprivano i muri di sostegno, prendevano un colore metallico, e ogni foglia, ogni stelo si agitava al vento. Tutto soffriva, anche nella natura; e questo le dava un cattivo conforto.

D'un tratto spalancò la finestra e vi si sporse: una ondata di vento le batté sul viso, il rumore del torrente della valle balzò fin dentro la stanza da pranzo.

« Annarosa! » gridò la nonna.

Ella chiuse la finestra e tornò ad appoggiarsi ai vetri. L'ombra saliva dalla valle, piccole stelle rossastre apparivano ancora incerte fra le creste basse dei monti, come scintille sprizzanti dal granito percosso dal vento.

Una nota di chitarra tremolò in lontananza. Illusione? Forse una corda del telegrafo che vibrava al vento. Ma a lei pareva proprio di chitarra, e che scendesse di lassú dagli scogli dei monti, gettata dal vento, quella nota che le riafferrava il cuore come un uncino da pesca. Era con quella nota che Gioele, fin dalla loro prima adolescenza, le aveva fatto capire di amarla. Lei lo amava già, cosí, perché era il solo ragazzo estraneo col quale aveva contatto; cosí, perché non si può vivere senza amare, e la donna nasce con l'amore nel cuore come la rosa col suo colore.

Un giorno Mikedda le aveva portato una lettera di Gioele. Ella s'era sdegnata; poi aveva risposto.

« Annarosa, » chiamò di nuovo la nonna.

"Sí, ho risposto", ella disse fra sé, come terminando un discorso con sé stessa. "E ci siamo parlati, e ci siamo amati. Ma la speranza di sposarlo, no, mai gliel'ho data E nessuna promessa. So chi è lui e chi sono io. E adesse bisogna finirla. Sí, nonna, lo so, bisogna finirla."

Tornò nella stanza da pranzo. La servetta e Gavino erano andati a portare qualche cosa alla moglie del contadino: ecco la nonna di nuovo sola, immobile nella stanza già scura, con l'aureola della fiamma intorno alla figura nera. Annarosa la guardò intenerita. Dopo tutto la nonna era la cosa piú sacra, per lei, la colonna piú ferma della sua vita. Le parole della nonna erano tutte vere; erano la verità stessa. E quella sua immobilità, nel silenzio e nella solitudine della stanza quasi povera, quella sua pesantezza di bronzo, e l'aureola del fuoco le davano un aspetto di idolo domestico.

Ma appena si rivide la fanciulla accanto ricominciò a brontolare.

« Tua madre tarda. Buona è, Nina, ma è sempre come una ragazza; si distrae ad ogni mosca che vola. E adesso ecco che non si ricorda di tornare ed è quasi notte. »

« L'avete mandata voi, perché mandarla? »

« Come? Non dovevo mandarla a visitare una parente malata? Cristiani siamo: ma tu oggi parli come una giudea. »

« Poteva andare domani; non morrà stanotte zia Paschedda; forse neppure quest'inverno! »

« Dio lo voglia; ma intanto è grave, e la presenza di tua madre è necessaria, in quella casa. »

« Perché necessaria? » ribatté Annarosa, senza muoversi, senza agitarsi, ma con voce turbata. « Perché? Siamo parenti, ma loro sono ricchi e si sono tenuti sempre lontani da noi: sempre ci hanno fatto sentire la nostra umiltà. Pare abbiano paura che noi si chieda loro aiuto. Perché umiliarsi a loro? Perché? Perché noi non si sta al nostro posto, nonna? Non abbiamo bisogno di nessuno, noi; non abbiamo che il nostro decoro e dobbiamo tenerlo. »

La nonna la guardava in viso, cosí intensamente ch'ella volse gli occhi e tornò a intimidirsi.

« E tu, Annarosa, ci hai badato sempre a questo decoro? »

« Ci ho badato, sí! Ché cosa volete dire? »

« Il figlio del fabbro non ha nulla a ridire sul conto tuo? »

Annarosa si drizzò sulla schiena, rossa in viso e con un nodo alla gola; non poté parlare subito: le sembrava d'aver ricevuto alle spalle un colpo che le toglieva il respiro.

« Senti, » riprese subito la nonna. « Non che io trovi nulla di disonorante nel fabbro e nel figlio suo; cristiani sono, come noi, e vivono come meglio possono. E il nonno di Gioele, il vecchio Antonio Saba, ha fatto il dover suo, in gioventú; è stato alla guerra, ha perduto la gamba; e poi, al ritorno, se ha preso qualche cosa da chi ne aveva, se, diciamolo chiaro, ha rubato qualche pecora o qualche sacco d'olive, lo ha fatto per bisogno, perché non poteva lavorare come un uomo sano. Adesso ha la sua striscia d'oliveto, accanto al nostro, vive sempre là, e se passando negli altri poderi si china a raccogliere qualche oliva lo fa perché è vecchio e i vecchi sono rimbambiti: cioè operano come i bambini, senza sapere quello che si fanno. Insomma, ripeto, il vecchio Antonio Saba e i Sanna vivono come possono; io li onoro e li rispetto come prossimo mio, e, tu lo sai, quando c'è qui del lavoro da fare preferisco Michele Sanna a qualsiasi altro fabbro del paese; onesto e laborioso è, e se ha girato il mondo, in gioventú, lo ha girato per conto suo senza far male a nessuno, anzi industriandosi a guadagnarsi la vita. E anche il suo ragazzo, se ha quel difetto non è colpa sua; è nato cosí e non lo hanno saputo curare a tempo, perché erano poveri, e i poveri non chiamano i dottori e si lasciano piuttosto cavalcare dal male. Pagati si vogliono i dottori! E il povero denari non ne ha: questo è il guaio. Il ragazzo Sanna è un buon ragazzo, di umore buono; ti dico la verità, quando veniva a suonare la chitarra nel cortile lo ascoltavo con piacere. Adesso sento che continua a studiare con profitto, e queste vacanze scorse quando ancora veniva a visitarci lo ascoltavo parlare con gusto; ragazzo di talento è, e svelto nel parlare. Certo che anche lui avrà il suo posto; ma che posto vuoi che sia? Avrà un impiego, o farà anche il dottore; ma tempo ce ne vuole, e quando uno è cosí, come lui, di famiglia cosí, senza beni di fortuna e anche non perfetto di corpo, credi tu che la gente lo consideri e gli affidi buoni impieghi e alti onori? Povertà e cattiva stirpe son cose tristi, Annarò! E tu hai parlato bene, poco fa; ognuno al suo posto, ognuno col suo decoro. Tu sei ragazza ancora e non sai le cose della vita: ebbene, io ti dico che è meglio morire che vivere nell'indegnità e nel bisogno.

«Senti,» riprese vedendo Annarosa disposta finalmente ad ascoltarla; «tu mi puoi dire: "E marito vostro non era povero? E noi non siamo poveri?". Anzitutto non è vero; poveri non lo siamo perché da vivere, in casa, ce n'è abbastanza. E mio marito non era povero; poco aveva, ma quel poco ci bastava. E non volevamo diventar ricchi perché, a dir la verità, in quei tempi, pochi ci pensavano; tutto era facile, si viveva con poco; posso dire, quasi, che noi eravamo ricchi con quello che avevamo; i tempi si son fatti difficili di poi, dopo la morte di tuo padre. Mancato lui fu come mancasse un puntello alla casa. Agostino piccolo ancora per capire e lavorare come fa adesso, tua matrigna piú bambina di voi; le spese che crescevano e le rendite che diminuivano. Ti dico, in verità, furono due o tre anni di cattiva navigazione. Piú di una volta io ho dovuto mettere lo scialle e andare in cerca di denari, per pagare le imposte e anche... anche per vivere... E non sempre trovavo le porte aperte, ragazza mia; piú di una volta tornavo a casa con le mani abbandonate giú come quelle di Cristo schiodato dalla croce... Tu, forse, lo ricordi. »

Annarosa ricordava: erano stati gli anni piú acerbi della sua fanciullezza; e appunto qualche cosa di acre, di tristemente eccitante come una spina rimasta dentro la carne, le teneva sveglio l'orgoglio, al ricordo di quegli anni di adolescenza umiliati dalle strettezze famigliari.

« Ricordo, ricordo! » disse forte, come invitando la nonna a non insistere. « Appunto per quello non bisogna piú umiliarsi a nessuno. »

« Chi parla di umiliarsi? Quando ci si è umiliati? Se io, in quegli anni di bisogno ho cercato aiuto l'ho cercato con dignità, ed ho pagato i miei debiti al doppio ed al triplo e qualche volta ad usura. E le falle della barca tappate furono. Non è il pane nostro, l'umiliazione. Zio tuo stesso, per disgraziato che sia, non si umilia a nessuno; mangia piuttosto una volta al giorno e va vestito male; ma nulla vuole da nessuno. In fondo non si umilia neppure in casa perché non accetta che lo stretto necessario, quello che infine gli spetta dall'eredità del padre. »

« Chi domanda nulla a nessuno? Dimmelo tu! » ribatté, alzando la voce irritata, sebbene Annarosa non replicasse piú. « Perché matrigna tua è andata a visitare una malata, tu parli cosí? Sta certa però, se lei non vede buona accoglienza non tornerà a battere a quella porta. È donna che non si umilia davvero, matrigna tua! Testa da ragazza, ancora, a volte, ma con la sua buona parte di superbia. Se tarda a venire, è segno che l'hanno trattata bene. Eccola, dunque. »

Col suo passo elastico la matrigna attraversava la cucina già scura; s avanzò fino al camino, ma non sedette, non si tolse lo scialle. Aveva il viso un po' colorito dal freddo, gli occhi animati.

« Zia Paschedda è grave. È una donna che se ne va. Gli uomini, là, son disperati. Non sanno far nulla. Il vecchio mi ha chiesto se non potrei passare la notte da loro... »

Guardava la nonna, esitando, e la nonna la guardava, di sotto in su, soddisfatta per la buona accoglienza dei parenti, ma diffidente all'idea di lasciarle passare la notte fuori di casa.

La servetta intanto rientrava di corsa, ansante di curiosità, seguíta da Gavino.

« Se zia Paschedda muore, davvero che quel lupo di zio Predu riprende subito moglie » disse ridendo.

Le sue parole sventate caddero fra il silenzio generale: tutti però, anche Gavino, pensarono la stessa cosa: se zio Predu si riammogliava, Stefano correva rischio di non prendere tutta l'eredità.

« Puoi andare, Nina, se non ti è di troppa fatica. Siamo cristiani, » disse infine la nonna.

« Vengo pure io, cosí non avrete paura, mamma; prendetemi, mamma, » supplicava Gavino; e la servetta sospirò:

« Saremo noi ad aver paura, stanotte, cosí sole in casa, col padroncino Agostino che rimane laggiú. Mala cosa, la morte! »

La donna, con lo scialle chiuso sul viso, sembrava anche lei spaventata all'idea di passare la notte fuori di casa; ascoltava però, con gli occhi un po' aperti e il viso proteso, come se una voce lontana la chiamasse.

« E datemi un po' di caffè, prima! Là non c'è neppure acqua. Hanno perduto tutti la testa come piccole creature. »

« Era lei che guidava ogni filo. Tutta la casa, » raccontò « è in ordine che fa meraviglia: tutto contato, nell'armadio e nei cassetti; tutto messo in fila: e come comandava lei, e aveva tutte le chiavi, gli uomini non riescono a trovare uno spillo. Li teneva *"anche lei!"* » pensò, ma non lo disse « come bambini. Stefene, grande e grosso com'è, cammina in punta di piedi, e non sa dire due parole assieme, avvocato come è. Zio Predu sta lí, accanto al fuoco, con le mani sul pomo del bastone, e le lagrime gli cadono fino alla cenere. Lei muore e tiene ancora le chiavi sotto il guanciale. No, Annarosa, non mi dare i biscotti; davvero non posso mangiare, ho un nodo alla gola. »

La nonna le diede alcune avvertenze.

« Tu non ti coricherai; sta su, accanto al suo letto, a vegliare. Se si aggrava manda subito a chiamare il prete e accendi i ceri. Deve averne una bella provvista di ceri, Paschedda Mura. Donna avara era, Paschedda Mura, ma donna savia. E adesso va, Nina mia, e Dio t'accompagni. »

E la donna andò. La serva e Gavino l'accompagnarono fino alla strada, poi tornarono indietro discutendo su quante migliaia di lire possedeva zio Predu Mura.

Forse centomila, forse trecentomila. E una casa

grande, e un'altra casa in campagna; e le casse piene di roba, la cucina piena di rame, la cantina piena di botti, la dispensa piena di orci d'olio e di frumento: tutto pieno gonfio da non potercisi muovere.

« Dev'essere un bel pensare, però, in quella casa, » disse la servetta, riprendendo il suo posto fra la scranna e il muro. Non ricevette risposta e anche lei tacque, pensierosa. E nel silenzio si sentí di nuovo il soffio del vento e nella cucina scura il frugare e rosicchiare di topo di Gavino.

II

Zio Juanniccu tornò piú presto del solito, quella sera. Con tanto freddo, non aveva che la giacca leggera, tutta abbottonata, col risvolto unto tirato sul collo rientrante fra le spalle. Senza togliersi le mani dalle tasche dei pantaloni batté col piede alla porta chiusa, pensando che se voleva poteva fabbricarsi non una ma cento chiavi, da aprire tutte le porte del mondo; ma non voleva; preferiva picchiare col piede e aspettare che la serva aprisse e magari lo rimbrottasse per essere tornato tardi; cosí non scontentava quelli di casa che amavano fargli subire queste umiliazioni. Umiliazioni? Non lo erano poiché in fondo non lo toccavano. Fu lui che indugiandosi sulla porta, mentre un'ondata di vento impetuoso gli penetrava fino alle ossa e pareva lo volesse portar via, guardò dall'alto la servetta venuta ad aprire brontolando.

« Ebbene, cosa fa, non entra? Se sta un altro po' la chiudo fuori. Non sa che siamo sole, che il padroncino Agostino è rimasto laggiú? »

Allora fu lui a chiudere bene la porta, scuotendosi d'un tratto da quella specie di sonnolenza che lo avvolgeva di continuo e lo separava dalla realtà. L'idea che l'altro uomo della casa era assente parve ridestargli un senso di responsabilità.

Si sentí, almeno per quella notte, capo di famiglia, protettore delle donne e dei ragazzi. Andò quindi a vedere come stava la madre. Era già a letto, la madre, nella camera in fondo illuminata solo dalla luce della stanza da pranzo: il suo viso immobile, nel cerchio della cuffia nera, pareva dipinto sul guanciale bianco: ma gli occhi erano aperti e vivi.

« Stato sei, dai Mura ? » domandò sottovoce.

« Stato sono: la donna se ne va. »

« Siamo sole in casa. »

« Starò io, qui giú, alzato. »

« Allora di' alle ragazze che vadano a letto. »

Egli tornò di là ma non osò dir nulla.

Sedette al posto che Annarosa, come faceva sempre, gli cedette. Gavino che s'era impossessato della scranna e della canna della nonna, batteva i tacchi sulla pietra del focolare, parlando con Mikedda di morti e di fantasmi.

« Speriamo che zia Paschedda muoia una notte quando il padroncino Agostino è in casa, » disse la serva. « Io ho sentito raccontare una volta, da una zia vecchia, che prima di andarsene i morti passano a far visita ai loro parenti. Sí, questa zia vecchia dice che stava una sera accanto al fuoco, ed ecco viene a trovarla un suo cugino, un pastore che viveva sempre nell'ovile. "Ebbene, che nuove, cugino mio?" "Eh, nuove vecchie, cugina mia: le vacche hanno figliato e si comincia a mungere il latte." E cosí parlano, a lungo: finché lui se ne va. L'indomani questa zia vecchia viene a sapere che il cugino era morto quella stessa notte. » ·

Gavino sogghignava tra l'incredulo e lo spaurito; d'un tratto si volse guardando verso la cucina buia.

« Eccola che viene, zia Paschedda. »

E la serva diede un grido: allora zio Juanniccu credette bene d'intervenire; gli sembrò di poter fare un discorso energico per correggere la superstizione della ragazza e, nello stesso tempo, far intendere a Gavino che non bisogna burlarsi delle cose serie e delle persone semplici; ma volgendosi un poco vide Annarosa seduta accanto alla tavola, preoccupata, col viso sulla mano, e non seppe dire che queste parole:

« Andatevene a letto: sto qui io. »

Gavino si ostinava a parlare di cose paurose.

« Mikedda, racconta chi altri, dei morti, è andato a visitare i parenti: chi sa se mio padre è venuto; io ero piccolo, non ricordo; voi ricordate niente, zio Juanniccu? »

Zio Juanniccu s'inteneriva, ogni volta che il ragazzo, povero piccolo orfano, si rivolgeva per qualche cosa a lui: cercò di ricordarsi; per fargli piacere pensò di dirgli che sí, il padre era tornato a visitare i parenti; ma vedeva Annarosa, immobile accanto alla tavola, con gli occhi pieni d'ombra, e ripeté soltanto:

« Andatevene a letto: è ora. »

Fu lei la prima a dargli retta: s'alzò e toccò la spalla a Gavino, invitandolo a seguirla; il ragazzo continuava a battere il piede sulla pietra del focolare, finché lo batté cosí forte che si fece male e cominciò a lamentarsi dicendo che s'era rotto un dito.

« Ho la scarpa piena di sangue, non vedi, non vedi? »

E lo zio gli tolse la scarpa e la scosse, come per farne cadere il sangue che non c'era: poi gli tolse anche la calza denudando il piede bianco con le unghie nere, e gli palpò le giunture; infine si assoggettò a portarlo fino al piano di sopra sulle sue spalle, e quel peso e la stretta delle ginocchia del ragazzo ai suoi fianchi gli spremevano dagli occhi lagrime di tenerezza. Però pensava: "Sono ubriaco, forse", e questo pensiero smorzava la sua commozione.

Lasciò il ragazzo sull'orlo del suo lettino e attraversò le camere in punta di piedi come fosse in casa altrui; ma tornato giú sedette sulla scranna che aveva l'odore di fracido della vecchia madre.

Eccolo dunque solo davanti al fuoco, padrone di tutto il camino. Poteva scaldarsi come voleva, muoversi da una parte e dall'altra senza essere osservato; il velo d'ombra che la sua presenza spandeva intorno era svanito; si sentiva felice, d'una gioia muta, come un bambino lasciato solo in casa. Pensò infatti che poteva andare in cucina e frugarvi. Gli pareva di essere diventato lieve, con le membra sgranchite dal calore del fuoco. Aprí i cassetti della tavola, aprí l'armadio; tutto era tale e quale come quando bambino egli frugava da per tutto nonostante gli ordini severi della madre.

Ancora c'erano i vecchi piatti gialli a sanguisughe nere, e certi boccali bianchi e azzurri che non erano mai serviti a niente, e il vaso di creta per l'olio, e il canestro, annerito, per il pane della serva. Ed egli non toccò nulla, come non toccava nulla quando era bambino: aveva ancora la stessa paura, lo stesso rispetto, per la madre, per la famiglia: gli bastò di poter aprire gli sportelli dell'armadio come le imposte della finestra del passato.

Del resto Mikedda gli aveva lasciato da mangiare e da bere sulla tavola di cucina. Bevette e tornò davanti al camino; spense il lume e rattizzò il fuoco. Di sopra i rumori cessavano. Un passo, uno scricchiolío di sedie; il cigolío dell'armadio di Annarosa; un altro passo, poi silenzio.

Egli cominciò a sognare: gli pareva di viaggiare, sulla scranna della madre, come in una piccola barca, giú per un fiume calmo arrossato dal tramonto. Giú, giú, la corrente lo trasportava; tutto era facile, e laggiú si delineava una riva dov'egli, sbarcando, avrebbe potuto ricominciare la vita, andare a scuola, come Gavino, diventare un uomo ricco e rispettato. Tutto gli era facile, poteva fare l'avvocato o il medico, l'industriale o il professore; tutto per lui era eguale. La vita ricomincia ogni giorno: basta aspettare l'alba tranquilli, buttando via indietro tutto il passato come si buttano le cose rotte.

"Ho una buona sbornia, stanotte," pensò riavendosi.

Gli parve di sentire la madre a chiamarlo; si alzò di nuovo e si avvicinò all'uscio. Il chiarore del fuoco illuminava, attraverso le colonne dell'ombra della scranna, la camera silenziosa. La vecchia teneva ancora aperti gli occhi e con la mano fuori delle coperte gli accennava di avvicinarsi.

« Juanniccu, è chiusa la porta di strada? »

« Chiusa è. »

« Sei certo? Va a vedere. »

Sebbene fosse certo di aver chiuso, obbedí, anzi guardò due volte, poi tornò nella camera, col suo passo silenzioso, e a un cenno di lei, che aveva sollevato la testa sul guanciale scuotendola un poco per liberare le orecchie dalla cuffia, sedette accanto al letto guardando verso il fuoco della stanza attigua.

Tutto il ceppo era divenuto una brage, con un germoglio di fiamma azzurrognola in cima; e aveva la forma di un cuore, palpitante nel silenzio della casa.

« Devo domandarti una cosa, Juanniccu: ma rispondimi franco. Fra Annarosa e Gioele Sanna cosa c'è stato? »

« Cosa c'è stato? » egli ripeté, interrogando sé stesso. « Niente: hanno fatto all'amore. »

« E dici niente, idiota? » ella esclamò sbalordita e sdegnata; poi riabbassò la voce. « Per te tutto è niente, perché sei avvezzo a sragionare. Ma adesso capisco tutto: la ragazza piangeva, oggi. Io non l'avevo mai veduta piangere. »

« Le donne piangono di nascosto. »

« Annarosa è una ragazza seria. Rideva un giorno quando si parlava di quel ragazzo. »

« Annarosa è una ragazza che vede le cose giuste; e ride quando c'è da ridere e piange quando c'è da piangere. »

« Non sragionare, ti ripeto! Io non posso credere che Annarosa abbia dato retta al figlio del fabbro. Oggi stesso mi parlava di decoro, lei; è una ragazza che non si abbassa a male azioni. Però, » aggiunse inquieta, « oggi piangeva. Tu dunque credi davvero che i due ragazzi abbiano avuto relazione? »

« L'hanno avuta e l'hanno ancora. Si scrivono. »

« Signore! Signore! Che cosa mi dici? »

Egli rise, lievemente, un riso assonnato che irritò ancora di piú la vecchia.

« E ridi anche, e ridi! »

« Rido perché è una cosa da niente. »

« Per voi, tutte son cose da niente. Ma la vita è fatta di cose da niente, che poi diventano serie; la coscienza non deve trascurarne una, neppure la piú piccola. E dunque, se la ragazza piangeva oggi, vuol dire che la cosa non è lieve. Son vecchia, e sebbene mi si tenga da voi tutti all'oscuro come una carcerata, vedo e capisco tutto. E capisco dunque che adesso bisogna pensare sul serio ad Annarosa e aiutarla a trovare la sua strada. »

« La sua strada è quella. »

« Quale? »

« Di lasciarle fare quello che vuole. »

« Ah, Signore mio! Non si può parlare con te. Tu parli cosí, e sei cosí, disgraziato, appunto perché sempre ti abbiamo permesso di fare quello che volevi. L'esempio tuo ci valga. E dunque, » riprese dopo un momento di esitazione « bisogna assolutamente impedire che Annarosa e Gioele si scrivano e si vedano. La donna è fragile. »

« Si vedano o non si vedano è lo stesso. »

« Cosa vuoi dire, idiota? »

Egli non rispose subito, questa volta. Abbassò molto la testa sul petto e si toccò i bottoni della giacca, si frugò in tasca, si palpò le braccia e i fianchi: non riusciva a trovare parole adatte ad esprimere i pensieri che in quel momento gli si aggrovigliavano nella mente: no, non è una cosa egualmente facile capire le cose e spiegarle.

« Ecco, io dico, a mio parere, che bisognerebbe lasciar fare a ciascuno quello che vuole. Tanto è lo stesso; quello che si vuol fare si fa. La donna è fragile, e anche l'uomo. Siamo tutti fragili. Non importa nulla, neppure la coscienza, che è nulla anch'essa. Si vive, si muore; si fanno tanti sforzi per riuscire a questo, per privarci di quello, e poi si muore. E se quei due ragazzi si vogliono amare e si vogliono sposare, perché volete voi impedirlo? E lasciate che si amino, e lasciate che si sposino. »

« Signore Dio mio, chi può ragionare con te? È questo l'aiuto che dài! Vattene adesso, va. »

Ma egli restava lí, un po' desolato.

« Aiuto? È che noi non possiamo far niente. Cosa si può fare? »

« Va, va, » ella gli impose con sdegno, agitando la mano; ed egli si ritrasse un poco, quasi per paura che quella mano lo colpisse; ma non se ne andò, né parlò piú, sebbene ella continuasse a brontolare. Poi a poco a poco la vide calmarsi, chiudere gli occhi e assopirsi. In fondo era contento della prova di fiducia ch'ella gli aveva dato, e, per conto suo, non si inquietava per Annarosa: al momento opportuno Annarosa avrebbe rotto la relazione con Gioele e accettato la domanda di Stefano. E la vita di lei bene o male sarebbe passata egualmente, come bene o male passa la vita di tutti.

Quando vide la madre addormentata, andò di nuovo in cucina, bevette ancora, infine tornò accanto al fuoco.

Nella gola del camino ronfava l'ansito del vento. Soffiava anche il levante, adesso, e combatteva con la tramontana; tutti e due i venti venivano dalle montagne e il loro soffio, penetrando nella gola del camino come attraverso una canna d'organo, vi destava una musica cupa e impetuosa che raccontava il dolore e le lotte dell'inverno fra i boschi e le roccie lassú.

Dolore e lotte grandi: guerra degli elementi fra di loro e contro la terra immobile, spasimo d'odio e di distruzione dell'aria contro la vegetazione, dopo i loro amori nel tempo dolce passato. Eserciti di nuvole marciano sull'orizzonte, ai comandi del vento, lanciando le loro pioggie implacabili e la grandine e la neve sulla montagna che ne piange tutta coi suoi torrenti.

I boschi si piegano rombando una cupa protesta. Ma la montagna resiste, pure piangendo; e i torrenti riportano l'acqua al mare, e i profili delle roccie incisi sul grigiore dell'orizzonte hanno un sogghigno di sfida, una fermezza di mostri invincibili. E la notte passa, ma neppure la luce del giorno riesce a mettere d'accordo gli elementi che pare si debbano odiare in eterno.

Invece l'uomo seduto davanti al camino sa che tutto è destinato a passare; si placherà il vento, tacerà il bosco stanco; ritornerà la quiete, ritornerà la tempesta e di nuovo la quiete ancora; tutto sta ad aspettare, fermi come la radice della montagna, senza dare troppa importanza alle cose che succedono fuori di noi: fermi, tranquilli, intendendo tutto e spiegandoci tutto.

III

La malattia della parente fu lunga. Nina andava e veniva, e quando la malata si aggravava, passava la notte presso di lei: nei primi giorni pareva quasi si divertisse, tornava a casa col viso fresco, gli occhi ridenti, e raccontava che, sebbene con la febbre alta e in pericolo di vita, zia Paschedda si preoccupava per le cose domestiche e non si fidava che di lei.

« Quando non ci sono io è più grave del solito, benché il vecchio non si muova più di casa. Sta lí seduto sulla cassa, a intagliare una pipa di radica, e quando zia Paschedda va un po' meglio, le racconta storie e storielle. Anch'io lo ascolto con gusto: parla e poi d'un tratto pare si burli di chi l'ascolta, ma le cose che dice sono piacevoli. È un uomo furbo!»

Anche Mikedda veniva ogni tanto mandata a prendere notizie della malata. Al ritorno raccontava le meraviglie e l'abbondanza della casa dei Mura, guardando con malizia Annarosa. Un giorno disse di aver veduto zio Predu a fumare seduto in cucina, mentre la padrona Nina preparava sulle brage del focolare una bevanda calda per la malata.

«Gli occhi gli lucevano attraverso il fumo della pipa, come due stelle fra le nuvole. Sta a vedere che, se muore zia Paschedda, il matrimonio è un altro!»

La vecchia padrona prendeva sul serio le sue chiacchiere e dava avvertenze alla nuora.

«Gli uomini sono tutti uomini. Sta attenta. Forse il vecchio vuol provarti per vedere se sei una donna seria »

La nuora non sorrise neppure, non si sdegnò; anzi si fece seria come per obbedire alla vecchia. D'altronde la malata si aggravava e zio Predu perdeva la voglia di chiacchierare e di scherzare.

«Sta seduto sulla cassa, in faccia al letto della moglie,» raccontava Mikedda, «col braccio appoggiato al bastone e la pipa spenta in bocca; aspetta sempre la visita del medico e non si cura d'altro. Sí, è un uomo che vuol davvero bene a sua moglie. E anche il figlio, il dottor Stefene, vuol bene alla madre. Anche lui sta lí, appoggiato al cassettone, col viso fra le mani, e non cessa di guardarla; e che uomo buono è, senza superbia! Va lui ad aprire la porta, se picchiano, e la mattina, dice Lukia, la serva, va lui ad attingere l'acqua dal pozzo per lavarsi.

Eppure potrebbe avere, non una ma dieci serve e farsi legare anche le scarpe! »

Poi Nina parve stancarsi del suo andirivieni: tornava a casa pallida, sbattuta, non parlava piú. La nonna la guardava scuotendo lievemente la testa come per dirle: "Nina, ti affatichi, lo so, ma è necessario, per il bene della famiglia", e Annarosa aspettava con ansia muta la notizia che la malata migliorasse.

Verso la fine della seconda settimana, la matrigna infatti tornò un giorno col viso piú sereno; si tolse lo scialle, lo sbatté, lo ripiegò come non dovesse rimetterlo presto. La malata migliorava.

Annarosa fuggí dalla stanza perché la nonna non si accorgesse della sua gioia; uscí nell'orto, scese di corsa il vialetto che dalla porticina del cortile serpeggiava giú di scaglione in scaglione fino al muro sopra lo stradale.

L'orto era grande, con gli scaglioni sostenuti da muri rivestiti di gramigne. Visto di laggiú dallo stradale, con le case in alto, dava l'idea d'un piccolo bastione.

L'angolo estremo terminava a punta, come la prua d'un bastimento, e guardava sulla valle e sui monti, divisi, l'una dagli altri, solo dalla linea serpeggiante dello stradone, i parapetti del quale, costrutti con macigni, scendevano a picco sui burroni, in alcuni punti cosí alti che parevano muraglie di fortificazioni.

In fondo la valle s'apriva su valli piú ampie che scendevano al mare.

Affacciata sul muro Annarosa aveva l'impressione di vedere davvero il mare tra i vapori dell'orizzonte. Nuvole fitte, chiare, ondeggianti, salivano di laggiú, invadendo il cielo di un azzurro cupo; ma si sentiva già un alito dolce, nell'aria che odorava di erba nascente. Le chine della valle coperte di ulivi apparivano più argentee del solito, e i cavalli al pascolo, fra i lentischi sulle prime falde del monte, nitrivano come fosse già di primavera. Ma i mandorli erano ancor neri e i boschi sull'alto dei monti conservavano il verde tetro invernale.

Quell'ondulare di nubi, di azzurro e di grigio, quella promessa di primavera, si rifletteva negli occhi di Annarosa. Le veniva voglia di cantare o di mettersi a gridare coi ragazzi che, ritti in equilibrio sul paracarri pericoloso dello stradone, giocavano alla fionda, mirando con un occhio solo, tesi ed agili come veri frombolieri. I sassolini che essi lanciavano volavano intorno al contadino che lavorava nell'orto; qualcuno lo colpiva, egli però non se ne dava per inteso; la sua piccola figura si alzava e si abbassava fra la terra smossa, del colore stesso della terra, e la zappa, ogni volta ch'egli la sollevava, si portava con sé un ciuffetto d'erba.

Annarosa gli andò vicino, sfidando i proiettili dei ragazzi, per domandargli come stava la moglie.

«Guarirà anche lei. Zia Paschedda Mura pareva morisse; invece adesso sta bene; ed è la stessa malattia di tua moglie.»

Egli non smise di lavorare; anzi ficcò con più forza la zappa per terra, smovendo una grossa zolla che gli si rivolse sui piedi e glieli coprí con la sua onda scura.

«Io ho invece paura che Dio si riprenda mia moglie: ma sia fatta la sua volontà!»

Quel dolore rassegnato, che pareva cadesse fra la terra smossa, come la gioia di lei si spandeva nell'aria mite, le diede quasi un senso di rimorso: ma rientrando a casa trovò la serva dei Mura venuta ad avvertire che la padrona s'era improvvisamente aggravata e desiderava di vedere anche lei.

E anche lei dovette andare. Aveva come l'impressione di un cattivo sogno: camminava a fianco della matrigna silenziosa e le pareva che la casa di Stefano fosse lontana, in fondo ad un bosco, in un luogo triste e solitario. E invero le straducole che bisognava attraversare per arrivarci, strette fra casette di pietra, parevano, nel grigiore della sera fattasi nebbiosa, sentieri tagliati fra roccie e macchie.

Il cortile buio dello zio Predu, circondato di tettoie, l'ingresso della casa lastricato di pietre, la grande cucina con le pareti scure arrossate dal chiarore del fuoco, non distruggevano quest'impressione penosa.

La malata giaceva in una camera bassa, mal rischiarata da un piccolo lume ad olio. Qualcuno stava seduto sopra una cassa antica, come a custodia di un tesoro, col viso nell'ombra. Stefano, pallido e triste, entrò da un'altra camera, salutò le donne, poi appoggiò i gomiti sul cassettone e, col viso fra le mani, stette a guardarle senza parlare. Annarosa non osava volgersi verso di lui, ma lo sentiva lí, grave, alle sue spalle, e contava i minuti per andarsene. L'idea di dover venire un giorno ad abitare in quella casa, che pure non era molto diversa dalla sua, le dava un senso di pesantezza alla testa, una disperazione che le faceva apparire la sua vita tutta eguale a quel momento di sospensione angosciosa.

Per confortarsi guardava la malata: la vedeva, corta e grossa sotto la coperta, con la testa forte fra i capelli ancora neri, muover le labbra violacee e di tanto in tanto sbatter le corte ciglia sotto le palpebre abbassate come spiasse cosa accadeva intorno: e le pareva che col suo corpo robusto potesse resistere al male e salvarsi.

D'improvviso si sentí chiamare da lei: le accorse subito accanto; ma un colpo di tosse gonfiò il viso di zia Paschedda e le impedí di continuare a parlare: solo, con la mano agitata accennava a qualche cosa, finché, non riuscendo a farsi capire in altro modo, afferrò la mano di Annarosa e la introdusse sotto al guanciale.

E sotto il guanciale Annarosa toccò un mazzo di chiavi, che pareva fossero state al fuoco tanto erano calde: e intese che era la consegna di queste che la madre di Stefano voleva farle, cedendole il passo sulla porta della sua casa prima di uscirne lei per sempre.

Al ritorno a casa scrisse a Gioele pregandolo di non pensare piú a lei. I giorni passarono. Ella sedeva rassegnata accanto alla nonna, aspettando: ormai, che la madre di Stefano guarisse o no, la sua sorte non mutava: eppure trasaliva ad ogni picchiare alla porta, ed anche ogni volta che Mikedda rientrava di fuori e volgeva verso di lei i grandi occhi vividi nel piccolo viso preoccupato.

Sognava l'arrivo di Gioele, e qualche atto disperato di lui per salvarla e salvarsi. Di notte, quando la nonna non poteva piú domandare di lei, s'affacciava alla finestra e s'abbandonava al suo dolore con una tristezza tenera, infantile. Le pareva di avere ancora quindici anni e di aspettare che Gioele passasse, col suo passo lento, col bel viso sollevato e gli occhi rivolti a lei come al solo punto visibile di tutto l'universo. E lei scuoteva la testa, per tentare di sciogliere le sue treccie e lasciarle cadere fino alla strada, come la figlia del Re della leggenda, perché il giovane innamorato potesse servirsene a guisa di una scala di seta per arrivare fino a lei.

Un bagliore di fuoco, in fondo alla strada, arrossava l'ombra: spruzzi di scintille volavano con le vibrazioni dell'incudine battuta: pareva si pestasse del cristallo e dell'argento, laggiú; poi in un momento di sosta si sentiva la grossa voce del fabbro che raccontava al ragazzo che tirava il mantice una sua avventura di quando era magnano girovago. Annarosa non se ne umiliava piú. Il suo dolore e la sua rinunzia coprivano ogni cosa d'un velo di poesia.

Una sera finalmente nel rientrare a casa dopo aver aspettato il postino all'angolo della strada, Mikedda le tirò di nascosto la manica. Ed ella ebbe l'impressione che fosse il suo passato stesso a costringerla a volgersi indietro; s'accorse però che la nonna la sorvegliava e non si mosse.

Il cuore le batteva fin sulla spalla. Che accade di fuori? Gioele è alla porta? È venuto finalmente per salvarla. Eppure lei ha desiderio di chinare il suo viso sulle ginocchia della nonna e confessarle la sua tentazione di tradire la famiglia.

Quando può uscire nel corridoio, per aspettare Mikedda, s'appoggia alla parete, tanto trema: trema, ma le pare che sia il muro della sua vecchia casa a oscillare sulle fondamenta e che lei sola con le sue spalle sottili lo regga.

Dalla lunetta a vetri della porta di strada piove un barlume di crepuscolo e di luna nuova; e la figurina di Mikedda, che scivola silenziosa lungo la parete traendosi dal seno una lettera, le appare, in quel chiarore glauco, come l'ombra stessa del suo sogno. Prende esitando la lettera, ma subito intravede sulla busta i francobolli: dunque Gioele non è tornato. E corre nella sua camera respirando all'idea che il pericolo di rivederlo è, almeno per il momento, evitato. Ma che accade? Ella siede sul suo lettuccio, con la lettera sul grembo, e la busta bianca comincia a rischiarare con una luminosità iridata la granda camera triste: i vecchi mobili sembrano rimessi a nuovo, lustrati dalla luna, con gli spigoli lucenti, le borchie divenute d'argento; fiori fantastici tremolano sulle pareti; fuori dei vetri brilla un paesaggio leggendario, con montagne azzurre e alberi d'oro e le vibrazioni dell'incudine del fabbro squillano argentine, nel silenzio puro della sera, come i rintocchi d'una campana.

Ma qualcuno saliva le scale ed ella nascose la lettera sotto il capezzale; tutto intorno fu di nuovo penombra.

Seduta sul suo lettuccio, piccolo e basso e come smarrito nella vastità della camera, intorno alla quale, come nel piano di sotto, si aprivano gli usci delle altre stanze, aspettò pazientemente che tutti si fossero ritirati.

Nella cameretta attigua si sentiva Mikedda mormorare, spogliandosi al buio, uno scongiuro contro le tentazioni. Era una specie di discussione fra il diavolo che picchiava alla porta e san Martino che difendeva gli abitanti della casa: la voce della serva si faceva esile nell'imitare quella del santo e rauca quando ripeteva le parole del demonio; e quando questo, pure sbuffando e scalpitando, dovette andarsene, ella singhiozzò tutta turbata; poi tacque, poi si stese sul suo letto e sbadigliò.

Allora Annarosa allungò la mano sotto il guanciale e cominciò a trarre la lettera, piano, piano, trascinandola come un corpo pesante; se la rimise in grembo, la guardò con tenerezza e con paura, come si guarda un moribondo; piano piano come per non farla soffrire, lacerò la busta: e non osò sollevare i foglietti ma vi si piegò sopra, e le parve che le linee irregolari e serpeggianti della scrittura, coi caratteri contorti, a uncini, le si attaccassero alle dita, l'avvolgessero tutta come tralci di rovi.

Gioele le proponeva di fuggire assieme.

"So che ti vogliono vendere. Ma tu non accetterai. Tu mi darai ascolto.

"Tu non mi hai promesso mai nulla, perché io non ti ho chiesto mai nulla. La speranza però ci portava, come una barca fragile nell'oceano infinito. ,

"Adesso mi vuoi buttare via, e non ti accorgi che sei tu che affoghi.

"Ma tu mi darai ascolto; perché adesso non è più il povero Gioele che ti parla, ma il tuo istinto stesso della vita, il tuo diritto alla gioia.

"Tu vuoi sacrificarti per la famiglia; ma chi è poi la tua famiglia? È la tua nonna, già morta, che vi tiene legati tutti intorno al suo cadavere di ferro come ad un pernio. È lei, la vera rappresentante della tua razza, paralizzata dalla vecchiaia e dalla sua stessa immobilità.

"Tu vivi ancora in una grotta preistorica e non te ne accorgi; quando vorrai sollevare la pietra che ti copre non ne avrai più la forza. Bisogna farlo subito, adesso.

"Io sono povero, ma sempre meno di te; la mia casa è più bella della tua, la mia vigna è più bella della tua.

"Vieni con me. Ti aspetterò alla tua porta, tutte le notti; ma bisogna che tu trovi la forza di uscire sulla tua porta. Ti aspetto."

Ella prese il suo scialletto e se lo gettò sul capo; coi lembi si asciugò le lagrime, poi subito si nascose il viso atterrito.

Il desiderio di scendere alla porta la vinceva.

« Vattene, vattene, » disse a voce alta.

Ma col pensiero scendeva le scale, apriva. Il vento penetrava nell'atrio, riempiva col suo ànsito tutta la casa. E Gioele era lí, sulla soglia, col suo mantello, i lembi del quale s'aprivano come due ali e la portavano via.

In fondo ella ricordava bene ch'egli era zoppo e che la realtà sarebbe stata diversa dal sogno.

Dove l'avrebbe condotta? No, la sua casa non era bella altro che in sogno e vigna egli non ne possedeva. A meno che non accennasse all'oliveto di zio Saba.

Eppure, continuava a seguirlo col pensiero, piangendo entro il suo scialletto.

Scendevano il viottolo che porta alla valle: la luna rischiarava il paesaggio solitario, alta in fondo allo stradone che taglia il fianco della montagna, sospesa sopra la lontananza azzurra, tra valle e valle, dove pare che la terra finisca e cominci il mare. Laggiú, fra l'azzurro, gli oliveti argentei imitano l'ondeggiare dell'acqua alla luna. Laggiú è la vigna di Gioele, con la casetta di granito dal tetto spiovente, un albero accanto e sotto l'albero un sedile di pietra coperto di musco.

« Come sono sciocca! » disse a voce alta, scuotendosi.

Si tolse lo scialletto, poi se lo rimise. Desiderava

di scendere alla porta solo per vedere se c'era Gioele e dirgli ch'era inutile aspettare: ma aveva paura anche di questo.

« Vattene, vattene, » ripeté, riavendosi del tutto, « io penserò sempre a te, ma non voglio il danno e il dolore della mia famiglia. »

Infine si fece coraggio e socchiuse la finestra: vide che la strada era deserta, la porta solitaria. Il vento le accarezzò con violenza il viso, parve le volesse portar via le impressioni del sogno. Allora per vincere anche la tentazione di rileggere la lettera la fece a pezzetti: e il vento glieli portava via di mano come i petali di un fiore che si sfoglia.

IV

La prima a sentire lo *spiro* di zia Paschedda Mura fu la nonna; sette rintocchi lenti, gravi e profondi come colpi di martello, suonati dopo lo squillo lieve fresco della prima messa. E a lei, che già da tempo era sveglia e si sentiva stanca di tutte le notti insonni e di tutto il peso della sua vita, parve che con quei sette colpi il tempo inchiodasse una porta dietro la donna che se ne andava. Ma subito salutò la partente.

"Va in buon'ora, Paschedda; adesso sarà la mia volta, appena figlio tuo si sarà deciso a domandare Annarosa."

E provò un senso di gioia, come se Annarosa fosse lei e la sua vita dovesse ricominciare; poi si inquietò un poco pensando al disordine che in quel momento doveva regnare in casa dei Mura. Vedeva Nina sua lavare e comporre il cadavere: e gli occhi di Paschedda Mura si ostinavano a riaprirsi, come per fissare ancora le casse e gli armadi della sua camera. Certo, doveva esserle dispiaciuto molto lasciare cosí la sua roba, senza altre donne in casa. Gli uomini son buoni a custodire la roba di fuori, non quella di dentro. Le sembrava di vedere zio Predu seduto smarrito accanto al fuoco spento, con le mani abbandonate con desolazione sulle ginocchia, e Stefano che andava e veniva e spiava ancora un segno di vita sul viso della madre, ostinandosi a non crederla morta.

Ma ecco Mikedda, che stava già nel cortile a spezzare legna con la scure, precipitarsi nella camera.

« Padrona mia, sentito avete? Zia Paschedda se n'è andata. »

« Andata! »

« E il padroncino Agostino che è già partito! Adesso sarà a metà strada verso l'oliveto. E anche zio Taneddu è già andato laggiú. Come si fa, adesso? »

« Lascia, » disse con pazienza la vecchia padrona. « Quando tornerà, Agostineddu saprà la notizia e farà a tempo ad andare ai funerali. Tu, intanto, chiama la tua padroncina e prepara il caffè da portare in casa della morta. »

Mikedda ritornò nel cortile a prendere le legna. Giorno di morte, davvero, tutto di un grigio basso cattivo, con un forte vento di levante che portava dalla valle un mugghio sinistro come di mare burrascoso. Gli spruzzi di pioggia che di tanto in tanto si sbattevano sul lastrico fangoso parevano d'inchiostro; è nero anche il velo di lacrime che il dolore e il freddo stendono sugli occhi di Mikedda. Sa anche lei che una nuova vita ricomincia per tutti; che bisogna filar dritti, adesso, ciascuno nel solco scavatogli dalla sorte; i padroni coi padroni, i servi coi servi. Rivede il padroncino Agostino rigido sul suo cavallo, mentre lei gli apre il portone e lo guarda timida e trepida dal basso nella speranza che egli le lasci cadere uno sguardo luminoso come un raggio di sole. Altre volte egli la salutava, almeno, come si salutano anche i viandanti sconosciuti; da qualche tempo, dopo il progetto di matrimonio fra Annarosa e Stefano, egli non si accorge di lei che per dirle parole aspre, umilianti.

« Ma anch'io me ne andrò; me ne voglio andare, » disse al ramo che teneva dritto davanti a sé, battendolo rabbiosamente con la scure; « i padroni coi padroni, i servi coi servi. Me ne andrò, me ne andrò! »

Il ramo si lasciava battere, sulla sua ferita gialla, mentre ella brontolava a mezza voce come la vecchia padrona:

« Voglio anch'io maritarmi; in coscienza, se lo voglio, un uomo non lo trovo? Vorrei trovarlo ricco, però, per far dispetto a qualcuno. Se guardassi zio Predu? Bello! Quello mi mette dentro la sua pipa! »

Arrossí e si mise a ridere, bevendosi le sue lagrime; sollevò il ramo scricchiolante e lo finí di spezzare sul suo ginocchio; poi rientrò e mise la caffettiera sul fuoco, indugiandosi a pensare chi poteva scegliere per marito. Ma le venivano in mente gli uomini piú ridicoli del mondo. D'un tratto si mise a ridere cosí forte che dovette chiudersi la bocca con la mano perché la padrona non sentisse.

Pensava al padrone Juanniccu.

La vecchia la sollecitava.

« Ma va a chiamare Annarosa. Non capisco perché tu non debba mai obbedire. Sai che bisogna anche preparare la colazione da portare là. E questo caffè, che sia forte e abbondante; versalo nella caffettiera di rame, perché caffettiere d'argento noi non ne abbiamo come ne hanno loro. E tu, anima mia; cammina per la via giusta; vedi come ce ne andiamo sul più bello, e tutto lasciamo nel mondo. E sta attenta a non chiacchierare, in casa della morta; tieni un contegno rispettoso, perché quella gente osserva tutto e se vede che sono insolenti i servi pensa che lo sono anche i padroni. E adesso va a chiamare Annarosa. E senti ancora una cosa, prima che scenda lei: se Juanniccu è in casa dei Mura, come mi dicono ci sia spesso, avvicinati a lui con prudenza, e da parte mia gli dici, sta attenta, gli dici che stia in contegno, almeno oggi. »

Rientrando dall'aver portato il caffè in casa della morta e fatto la spesa per la colazione funebre, Mikedda raccontò che il padrone Juanniccu stava appunto dai Mura seduto in cucina accanto a zio Predu.

« Zio Predu Mura sta lí, davanti al focolare spento; sta lí, con le mani sul bastone; non piange, ma guarda per terra. È già vestito di nero, coi vestiti prestati da zio Farranca. Gli sono stretti, però, sebbene zio Farranca sia grosso come un tronco. Il dottor Stefano, invece, sta nella camera in un angolo buio, e non gli si vedono che gli occhi gonfi come due fichi acerbi. La signora Nina, la padrona mia, è quella che fa tutto; va di qua e di là, leggera come una farfalla, e rimette tutto in ordine, lei. Ci sono le parenti della morta, sedute per terra, in cucina, e mi pare che guardino con gelosia la mia padrona. Specialmente le due vecchie cugine di zia Paschedda, le due sorelle Carta, non fanno altro che osservare, pure asciugandosi le lagrime. Un momentino che il dottor Stefano si è alzato dal suo angolo, una delle sorelle Carta si è alzata anche lei e lo ha ricondotto al suo posto come un ragazzino in castigo. Lo so io il perché. Perché nella camera c'è la cassa, e nella cassa i denari della morta. Dicevano, nella strada, che lei forse ha accumulato, dentro la cassa, trentamila lire o forse scudi. Lí dentro si possono attingere denari come acqua dal pozzo. Mi ci vorrei io, a frugare: mi farei subito due palazzi, tutti per me. Bella cosa, il denaro, cuor mio. Forse troverei anche un marito di buona famiglia. Ma se fossi ricca, no, non mi sposerei. Rifiuterei anche i giovani di buona famiglia! »

Intanto s'era inginocchiata davanti alla vecchia padrona per farle vedere la carne e la pasta per la colazione funebre.

La carne era bella, rossa e bianca di grasso, fresca come appena tagliata dal vitello vivo; ma i maccheroni furono dalla padrona respinti con tale sdegno che caddero sul focolare.

« Quando c'è farina in casa e donne con braccia sane, non si deve comperare né il pane, né la pasta nelle botteghe. Alzati, poltrona. »

Pazientemente Mikedda raccolse i maccheroni frantumati, e Annarosa andò a prendere la farina per rifarli in casa; ed entrambe la impastarono e cominciarono a gramolare la pasta con tutte le loro forze, sulla tavola di cucina, parlando basso per non farsi sentire dalla nonna.

La pioggia sferzava il vetro dello sportello, tutto appariva bituminoso, di fuori, come in un quadro annerito dal tempo: e anche dentro, tranne negli angoli rischiarati dal fuoco, tutto era bigio senza vita.

La serva raccontava ancora della sua visita in casa della morta, rifacendo i gesti e la voce delle vecchie parenti. Annarosa sorrideva suo malgrado, riscaldata dalla fatica e sollevata, in fondo, dal pensiero che tutto era finito. D'un tratto però si rifece pensierosa.

« Mikedda, ho avuto come un sogno, ieri notte, nel chiudere la finestra; m'è parso di veder passare Gioele. »

« Può darsi: com'è mezzo matto, quello lí, se sa che lei si sposa, farà pazzie. Ma è meglio che non le faccia. Perché lei ormai è come sposata. Anzi, bisogna che lei sia prudente, adesso, perché le parenti della morta sorveglieranno ogni suo gesto. E bisogna farli bene, dunque, questi maccheroni, e condirli bene; se no le parenti diranno che lei è una cattiva massaia. »

« Taci, taci; mi soffochi. »

Mikedda osservò che bisognava comprare anche la frutta perché in casa non c'erano che mandorle e fichi secchi; e andò da un Milese che aveva delle arancie e le pagò come fossero d'oro. Non bisogna guardare alla spesa in certe occasioni. Al ritorno, nel passare davanti alla porta di zio Taneddu le parve di sentire il lamento della malata ed entrò per vedere.

Nel cortiletto che precedeva la casupola, recinto di alti muri, la pioggia aveva formato uno stagno sul quale galleggiavano stoppie e immondezze: l'acqua penetrava anche nella piccola cucina desolata. Mikedda pensò alla sua padrona Nina, che rimetteva in ordine la casa dei Mura, e volle imitarla: "i padroni coi padroni, i servi coi servi"; cacciò via l'acqua con la scopa, mise gli sgabelli lungo la parete; poi salí una scaletta di legno che c'era in fondo alla cucina, e per una botola aperta penetrò nella camera nuziale dei contadini.

La malata, stesa sull'alto letto di legno che quasi sfiorava il basso soffitto di canne, rantolava lievemente, ma con un rantolo stanco, rassegnato. E una rassegnazione triste era in tutto il suo aspetto maschio, nel viso scarno, legnoso, nelle grandi mani nere abbandonate una di qua una di là sul lenzuolo grigio.

Nel vedere Mikedda che si protendeva sul letto e le offriva un'arancia, spalancò gli occhi, duri, come di pietra verdognola.

« Acqua, » mormorò.

E Mikedda, sebbene sapesse che era proibito di darle da bere, versò in una scodella l'acqua della brocca, presto presto, perché si sentiva un passo che saliva su per la scaletta. Entrò subito dopo infatti una vicina di casa che di tanto in tanto dava un'occhiata alla malata.

« Malanno alle tue viscere! tu la vuoi uccidere! » gridò togliendo di mano a Mikedda la scodella già vuota; poi la spinse per le spalle e la cacciò giú per la botola. E la ragazza andò giú stordita, pensando che tutti, facesse bene o male, tutti la maltrattavano. Le venne da piangere. Stette un momento presso il focolare, movendo col piede i tizzoni spenti; e le pareva che anche di lí fosse già passata la morte. Adesso zio Taneddu rientrerà, coi buoi bagnati, col cappotto bagnato, e non troverà neppure fuoco da asciugarsi. E la povera malata, adesso che ha bevuto l'acqua, morrà. Lui riprenderà certo moglie: un massaio non può stare cosí solo come una fiera nel bosco.

"E se lo sposassi io? I padroni coi padroni, i servi coi servi..."

Sollevò il viso verso la botola, e ricominciò a ridere. Le pareva di beffarsi di zio Taneddu, che era già anziano, per lei, piccolo, con la barbetta rada, rossiccia, a punta come quella del diavolo; ma in fondo pensava che era il contadino che seminava piú grano, di tutti i contadini del vicinato; e non beveva, non parlava molto, ed era l'unico che non bastonava la moglie. Eppoi si stava vicini alla casa dei padroni.

Piano piano, per non farsi sentire, rimise qualche altro oggetto in ordine: c'era di tutto, nella piccola cucina; pentole, taglieri, caffettiere; dentro il forno stava ancora ad essiccare un mucchio d'orzo per il pane che la povera malata non era riuscita in tempo a fare. Speriamo si alzi presto, la povera malata, se no, faccia il Signore la sua volontà. Attraversando in punta di piedi la pozzanghera del cortile Mikedda se ne andò; non rideva piú, era pensierosa e distratta; urtò contro una donna che passava per la strada riparandosi dalla pioggia con un canestro, e non badò ai rimproveri della vecchia padrona.

« Proprio oggi te ne vai in ronda, cattiva cristiana, proprio oggi che si ha bisogno di te. Ma guardati almeno intorno, vedi almeno come lavora Annarosa. »

Annarosa finiva di preparare la colazione funebre. Andò lei stessa nella dispensa, a scegliere un bel cestino entro il quale mettere i piatti con le vivande. Scelse un bel cestino di asfodelo, dorato, ornato di nastrini, che serviva per mandare presenti alle nozze; lo tirò giú dalla parete ove era appeso, vi soffiò su per levarci la polvere; e con la polvere mandò via anche un piccolo ragno col suo filo; poi guardandolo contro la luce vide un granello di frumento rimastovi dell'ultimo regalo mandato ad una sposa; questo ve lo lasciò.

« Il granellino, dentro, porterà fortuna ai vivi,» disse Mikedda caricandosi il cestino sul capo; e appena fuori dal portone trasalì sembrandole che il granellino prima d'ogni altro portasse fortuna a lei. Vedeva infatti zio Taneddu arrivare col suo carro carico di olive, seguito a poca distanza dal padroncino Agostino.

Allora si strinse contro il muro, tenendosi con ambe le mani il cestino fermo sul capo, e quando il contadino le passò davanti spingendo i suoi grossi buoi neri, gli sorrise.

« Zio Taneddu mio! Sono stata da moglie vostra e le ho dato da bere. La vicina non voleva, ma vostra moglie aveva sete. Zio Taneddu mio! »

Il contadino la guardò appena, coi piccoli occhi volpini, senza capire l'improvvisa tenerezza di lei, ed ella non insisté, perché sopraggiungeva il padroncino Agostino.

Rigido sul suo cavallo baio, che aveva una faccia biancastra quasi umana e gli occhi pensierosi sotto i ciuffi della criniera bagnata, il padroncino Agostino volgeva qua e là lentamente i grandi occhi scuri e umidi che rassomigliavano a quelli del cavallo. Il viso bruno scarno, annerito dalla barba nascente, pareva, nel cerchio del cappuccio nero, quello di un pastore; ma di sotto le falde del lungo cappotto apparivano i calzoni scuri e le scarpe elastiche del proprietario borghese.

Si fermò un attimo davanti a Mikedda, guardando il cestino, e aggrottò le sopracciglia perch'ella gli annunziava con voce troppo alta:

« Zia Paschedda Mura è morta! »

« E tu t'indugi cosí nella strada? Va avanti, tarantola! » le gridò, agitando la fronda che gli serviva da frustino.

A lei parve di sentire il colpo sugli occhi: li chiuse e andò avanti, pensando che certo, non bisognava gridare cosí nella strada una notizia che era quasi un segreto di famiglia per loro tutti che ne sapevano il significato.

Il contadino intanto, pur con la sua ansia nel cuore, dopo aver dato uno sguardo alla sua porta, spingeva dentro il cortile i buoi con la sua abilità di punzecchiarli senza che il pungolo li facesse soffrire.

Le ruote sobbalzarono sulla pietra della soglia, il carro fu dentro, coi sacchi delle olive intatti. Agostino entrò appresso; smontò agilmente, dritto ed alto dentro il suo cappotto, e diede un grido speciale per fare scostare il cavallo.

E tosto nella casa silenziosa passò un fremito di vita, Annarosa si affrettò a tirar su il paletto per spalancare la porta, curvandosi e mandando indietro sul fianco la frangia dello scialle; persino le galline starnazzavano, deste dal sopore del freddo, e il sole fra le nubi spaccate mandava un improvviso splendore fin dentro il pozzo melanconico. La nonna si volgeva a guardare, e fu quasi con gioia che disse al nipote, mentr'egli si toglieva il cappotto e lo attaccava al chiodo presso il camino:

« Paschedda Mura è morta! »

Agostino era però un ragazzo serio: non si rallegrava, no, neppure nascostamente, della notizia; la morte è una cosa che bisogna rispettare. Anzitutto si informò gravemente se la colazione mandata in casa di zio Predu Mura era buona e abbondante, e se c'era anche il vino.

« Tutto, tutto, Agostineddu mio! »

La nonna lo guardava con tenerezza e ammirazione. Era l'unica persona del mondo, Agostineddu
suo, davanti alla quale ella si toglieva la sua maschera di severità e di forza. Si trasformava, diventava bella, quasi civettuola. Il passo del cavallo, ch'ella sentiva di lontano, il rumore che Agostino faceva
nello smontare di sella battendo la scarpa sul selciato
del cortile, il suo grido per scostare il cavallo e infine il suo entrare in casa, le davano ogni volta
un'emozione profonda; le ricordavano quando il suo
giovane marito tornava cosí dal podere, nei primi
anni di matrimonio, e lei lo aspettava con ansia d'a-
more. E la figura stessa di Agostino era, nella sua
mente, associata agli olivi e ai noci in fondo alla
valle, piantati da suo marito; le sembrava persino
di sentire l'odore umido delle foglie nelle vesti di
lui; forse perché ogni volta egli frugava nelle sue
tasche, traendone un pugno di olive secche, grosse
e morbide come prugne, o di altre frutta, e gliele
lasciava cadere in grembo; e pareva che i frutti cadessero dalle sue mani come dall'albero.

Anche questa volta le aveva portato le olive secche. Ella le palpava, sul suo grembo, invitando Agostino a sedere un po' accanto a lei per parlare del
grande avvenimento. Ma egli sembrava perplesso:
restava in piedi davanti al camino, pensieroso, facendo dei calcoli con le dita. Finalmente parve aver
risolto un problema.

« Nonna, per oggi dunque non è possibile mandare le olive al frantoio; voglio esserci io, quando
si macina, perché non mi fido di nessuno. Non che
dubiti dell'onestà di nessuno, ma quando non c'è il

padrone le cose non si fanno bene. E oggi dunque, bisogna andare ai funerali. »

« Sí, sí, fa tu, Agostineddu mio; tutto quello che tu fai è ben fatto. »

Egli si volse per guardare Annarosa che s'affaccendava in cucina. Parve volesse chiamarla, poi scosse piú volte la testa, facendo a sé stesso dei cenni di sí e di no; infine sedette battendo piano la mano sulla mano della nonna, e come continuasse un discorso appena interrotto disse con voce quieta:

« Purché a zio Predu non saltino strambe idee in mente. È forte ancora, l'uomo: e non si sa mai quello che un uomo pensa dopo la morte della moglie. Può darsi che voglia restare vedovo, ma può anche darsi di no. Io, ve lo dico francamente, ho fatto già bene i calcoli: il patrimonio è grosso, ma le rendite nei tempi che corriamo non sono mai adeguate al capitale. E Stefano, dalla sua professione, non guadagna niente: ragazzo buono è, Stefano, ma indolente. Se il padre non gli lascia intatto il patrimonio, lui poi per sé stesso non è un partito straordinario. E Annarosa nostra... »

Tornò a guardarla, con lo stesso sguardo di tenera ammirazione che la nonna rivolgeva a lui; eccola laggiú, fra la luce del cortile e la penombra della cucina, che s'affaccenda a dar da bere al contadino e a indicargli dove scaricare il sacco delle olive dovute alla chiesa di Santa Croce per un canone gravante sull'oliveto. Umile, bella, laboriosa, ella era, per Agostino, la donna perfetta: quella che deve sposarsi presto e con un uomo per bene e ricco, e far dei figli e reggere per tutta la sua vita una casa ove non manchi niente: la donna forte della Bibbia.

Che Stefano Mura la domandasse per moglie non era, dunque, che una cosa naturale.

« E dove la trova un'altra ragazza cosí? » disse piano, rivolgendosi di nuovo alla nonna. « Ebbene, ditemi una cosa: è necessario che due che si sposano debbano essere tutti e due ricchi? Quando la donna è come Annarosa nostra, la roba si moltiplica ed è come se anche lei sia ricca. E cosí è, anche se una donna ricca sposa un uomo povero che sa badare alla sua roba. »

« Come te, » disse la donna, che anche per lui sognava un buon matrimonio. Ma Agostino fece un gesto con la mano, indicando una cosa lontana.

« Oh, per me son già sposato! Ho la famiglia, io! Eppoi, vi dico francamente che una donna ricca, se non fosse del nostro grado, non la sposerei. Per adesso non abbiamo bisogno di donne, in casa: pensiamo piuttosto a collocarne qualcuna. E dunque bisogna andare a questi funerali. »

« Dimmi una cosa, Agostineddu mio: non ti pare conveniente che sorella tua venga anche lei, a far riga con le parenti della morta, al momento del funerale? »

« Ma che! » egli disse con orgoglio. « Non diamo poi loro troppa importanza. Eppoi, anche a mandarla, non ci andrebbe. »

E d'un tratto fece un cenno di saluto alla sorella, quasi la vedesse solo allora.

« A che pensi, Annarò? »

Annarosa era entrata nella stanza e apparecchiava la tavola; nonostante la sua tristezza, il viso e il modo di parlare del fratello la fecero ridere.

« E tu a che pensi, Agostí? »

Ma Agostino non glielo disse: anzi cambiò discorso, parlando con la nonna dei tre vecchi olivi davanti alla casetta del podere, il cui frutto era dovuto alla chiesa di Santa Croce. Da secoli i proprietari dell'oliveto osservavano il canone, ripiantando gli olivi quando minacciavano di seccarsi. I ladri d'olive potevano spogliare tutti gli olivi della valle, ma rispettavano quelli.

« Eppure questa mattina anche là sotto ho trovato l'orma di zio Saba. Finora io l'ho rispettato perché vecchio, perché è stato alla guerra e perché mio vicino. Ma adesso bisogna che mi decida a rompergli la gamba sana col bastone che sostituisce l'altra. »

Lo disse serio, senza vanteria, come un uomo che è convinto di poter fare quello che minaccia.

Poi mangiò in fretta e uscí; e passarono delle ore prima che nessuno si facesse piú vivo. Tutti erano andati ai funerali: solo Annarosa faceva compagnia alla nonna, nella stanza silenziosa. Si sentivano le campane battere i rintocchi funebri e pareva che tutto il mondo fosse morto, di là del cortile.

Il tempo s'era rimesso: ma che tristezza in quel cielo freddo pallido·come un viso dopo che ha cessato di piangere!

La nonna sonnecchiava: si accorse però che Annarosa leggeva un libro che aveva tratto di sotto al cestino da lavoro, e si scosse per dirle che non era giorno da leggere, quello.

Pazientemente Annarosa depose il libro e si mise a cucire; ma ogni volta che allungava la mano per prendere il refe sentiva il tepore molle del gatto aggomitolato nel cestino, e s'indugiava ad accarezzare la bestia, guardando il cielo sopra i vetri. Una smania di uscire, di correre giú almeno per l'orto l'agitava; ma ad ogni suo movimento vedeva la nonna socchiudere gli occhi e spiarla. Finalmente qualcuno picchiò alla porta. Era la vicina di casa che badava alla moglie malata del contadino.

« Signora Annarosa, » disse sottovoce, « per carità, non lasci piú venire da zio Taneddu la sua serva. È già la terza volta che viene e dà da bere alla malata. E il dottore non vuole. Poi mi dia un cero, per carità; la malata muore. »

« E allora perché non la lasciate bere, se ha sete? »

« Perché il dottore non vuole. »

"Ecco," pensò Annarosa andando a prendere il cero, "fino all'estremo bisogna rinunciare anche all'acqua."

Al cader della sera uno dopo l'altro rientrarono tutti. Prima Mikedda, che fu subito mandata di nuovo fuori in cerca di Gavino; poi questo, che sgattaiolò lungo la parete e andò a nascondersi per non essere sgridato; infine Agostino con la matrigna. Egli le andava accosto accosto e il suo cappotto di orbace, rigido e aspro, pareva proteggere lo scialle molle e stanco della donna.

Quando fu in mezzo alla stanza, ella guardò di qua e di là, con gli occhi vaghi, come non riconoscesse i luoghi dai quali le pareva di mancare da tanti anni.

Lentamente si tolse lo scialle, lo piegò con cura, lisciandolo per fargli andar via le rughe di quelle lunghe giornate di strapazzo; infine andò a sedersi accanto alla suocera, e dalle domande di questa e dagli sguardi dei figliastri capí che tutti aspettavano da lei il racconto degli avvenimenti. Ma lei aveva una grande confusione in mente, si sentiva stanca come dopo un viaggio, e il calore del fuoco le dava un invincibile sopore.

« Scommetto che tu non hai toccato cibo in tutta la giornata, Nina mia. Ebbene? »

« Ebbene... »

Cercò di raccogliere le sue idee; si strinse due volte la fronte tra le dita, trovò il filo dei suoi ricordi.

« Ebbene, se n'è andata. Tutto è riuscito bene. L'abbiamo lavata con aceto odoroso e pettinata, io e la serva Lukia: era ancora bianca e con tanti capelli come una ragazza. Le abbiamo messo il corpetto verde a palme d'oro, quello di broccato antico col quale s'era sposata. Tutto è andato bene. Al momento di cercare i ceri pareva non ce ne fossero: cerca cerca in un sottocassetto ne abbiamo trovati cento, bianchi, lucidi come canne d'organo. La roba che c'è in quella casa! In ogni angolo un tesoro: neppure i suoi padroni lo sanno, quello che c'è. »

« Hai chiuso bene tutto? » domandò la nonna frugando con la sua canna nel fuoco. E nei mucchi di brage le pareva di vedere le cose preziose di casa Mura.

« Ho chiuso, sí. Le chiavi le ho date al vecchio, perché Stefene le aveva messe sul davanzale della finestra. Anche il vecchio le teneva sul ginocchio e non sapeva che farsene. »

« Sí, se quel ragazzo non si sposa presto chi sa cosa succede. »

Tutti ascoltavano; Agostino seduto rigido, col grosso pugno chiuso sulla tavola, Annarosa in piedi presso la matrigna, Gavino dietro l'uscio, la servetta nel suo angolo fra la scranna e la parete; e fu lei a dire con ironia provocante:

« Si sposerà quel lupo di zio Predu, prima del figlio! »

Ma la padrona vecchia si volse e la guardò terribile, battendole la canna calda sùl piede nudo, e Agostino le domandò:

« Che ti salta il grillo di sposarlo tu? »

« Chi lo sa! » gridò lei con voce stridula.

« Dio mio! » esclamò Annarosa, irritata. « La morta è ancora calda nella sua fossa e voi già parlate di queste cose! »

La matrigna riprese a raccontare i particolari dei funerali, e chi c'era stato per le condoglianze; tutte le persone piú importanti del paese, proprietari, impiegati, avvocati.

« Il vecchio però è furbo. Nonostante il suo dolore guardava uno ad uno tutti quelli che gli sfilavano davanti, poi a volte guardava verso Juanniccu nostro e mi pare avesse un'aria di beffe. »

« Di chi si beffava? Di zio nostro, forse? » domandò energicamente Agostino. « Io non mi sono accorto di nulla. Con me zio Predu è stato serio. »

La matrigna riprese, con voce stanca:

« No, che dici? Guardava Juanniccu come per dirgli: "Guarda quanta gente che non mi ama e pure viene a condolersi con me". Stefene invece piangeva, e i suoi amici lo baciavano. È buono Stefene, se uomo buono c'è. Senza vanità, senza attaccamento alle cose del mondo. Vi ho già detto che aveva messo le chiavi sul davanzale. Prima però... » esitò un attimo, poi continuò piú rapida: « Prima le aveva portate sul letto, come se la madre ci fosse ancora: cosí è; le mise sotto il guanciale, poi le riprese e mi disse: "Nina, ecco come si finisce, si va via senza le chiavi". Non parlò piú. Sí, anche le sue vecchie zie mi dissero: "Bisogna che adesso prenda moglie". »

Agostino apriva lentamente il suo pugno, stendendo una ad una le dita sulla tavola. Contava fra sé, facendo di nuovo il calcolo della rendita dei Mura. Ce n'era per tutte le dita delle due mani. Case, orti, oliveti, una vigna in pianura, un'altra nella valle; seminerio e sughereto; infine una *tanca*, famosa per una sorgente perenne d'acqua purissima. La chiamavano la *tanca de sa turre* perché fra le roccie d'una sua altura sorgeva un avanzo di torre che i proprietari avevano adattato ad abitazione dei pastori. E in questo rifugio era morto il nonno di Stefano, vigilato dai servi e dal figlio, perché negli ultimi anni della sua vita si era rimbambito e commetteva stranezze.

Là si poteva far ritirare anche zio Juanniccu, quando la *tanca* fosse di Annarosa; c'era di tutto, nella torre, sedie, letti, tavole; come nelle case di città. Là dunque si poteva far ritirare anche zio Juanniccu, poiché anche lui cominciava a rimbambirsi e sragionava continuamente.

Fatti bene i suoi calcoli, Agostino chiuse il pugno e sentí che la matrigna continuava a parlare di Stefene:

« Buono è, buono molto. »

« È come una femmina, » egli disse allora, sollevando e lasciando cadere la sua mano sulla tavola. « Tu ne farai quel che vorrai, sorella. »

Allora vi fu un momento di silenzio, quasi di stupore. Finalmente la cosa da tutti pensata era stata detta: e tutti si stupivano di non aver avuto il coraggio di dirla prima. Agostino aggiunse, per metter le cose a posto:

« Ricco anche è, Stefene, ma la razza della sua

famiglia non è poi delle piú buone. Ce ne sono di migliori. Il nonno, poi, è morto in campagna come un pastore; e pastore era. Ma non importa; adesso non si bada piú a queste cose. Quello che conta è il talento e l'onestà. »

« Oh, e il denaro no? » osò osservare Mikedda. Ma il padroncino Agostino si volse a lei inferocito.

« Sta nel tuo angolo, tu tarantola! »

"I padroni coi padroni, i servi coi servi," pensò lei, abbassando la testa. E subito, quasi il destino volesse premiarla della sua rassegnazione, si sentí battere alla porta. Ella balzò lunga dal suo angolo, con gli occhi ingranditi nel viso pallido.

« Deve esser morta anche la moglie di zio Taneddu! » gridò.

Infatti chi picchiava era la vicina di casa che veniva a domandare un altro cero perché era morta anche la moglie di zio Taneddu.

v

Si era verso Pasqua e la domanda di Stefano non arrivava ancora. Neppure zio Predu, dopo una breve visita cerimoniosa di ringraziamento per le gentilezze ricevute, non s'era piú fatto vedere, forse per non destare una vana emozione con la sua presenza; ma ogni volta che incontrava Agostino gli diceva:

« Oh, preparami un bicchiere di vino buono perché devo venire a visitare nonna tua. »

E tutti aspettavano questa visita; ma il tempo passava, e c'erano dei giorni nei quali un'aria di tristezza gravava sull'intera famiglia, come se non si dovesse sperare piú in nulla; giorni grigi, quando

Nina, taciturna e di cattivo umore, sembrava d'un tratto invecchiata e trascurava le faccende domestiche come una serva stanca, e la nonna pensava che Stefano esitasse a fare la domanda perché forse informato da qualche maligno della relazione di Annarosa col figlio del fabbro, e si faceva anche lei triste, piú severa del solito; e Annarosa sentiva tutto il peso di questa tristezza, di questa diffidenza, e aspettava la domanda di matrimonio come il carcerato colpevole e confesso aspetta la sua condanna: almeno tutto sarà finito e ci si rassegnerà. Ma come anche in fondo al cuore del colpevole c'è la speranza del miracolo dell'assoluzione, cosí in fondo ella sperava in qualche cosa di straordinario che impedisse a Stefano di fare la domanda.

Nulla però accadeva; i giorni passavano eguali; anche Gioele non dava segno di vita. Annarosa non cessava di pensare a lui, e si sentiva sempre fitte nel cuore le parole dell'ultima lettera; a volte si sorprendeva ad aspettarlo dietro i vetri, o correva ad aprire la porta, se qualcuno picchiava, con la speranza e la paura che fosse lui; ma anche con la paura e la speranza che fosse zio Predu.

Un giorno che il fabbro venne per accomodare un ferro del portone, ella gli si avvicinò, con la speranza angosciosa ch'egli parlasse di Gioele. L'uomo però lavorava in silenzio, senza badare a lei: era scarmigliato, nero e sporco come un vero zingaro, con la camicia aperta sul petto villoso. Mentre batteva il ferro e apriva e chiudeva il portone guardandolo attentamente da una parte e dall'altra, alcuni ragazzi della strada si offersero a tenergli la borsa di pelle con gli strumenti; egli lasciava fare, senza inquietarsi, con un chiodo in bocca.

« Questo è dunque quel diavolo chiamato grimaldello, » disse un ragazzo traendo dalla borsa un ferro sottile con la punta a uncino. « Amici vecchi siete, con questo, zio Michele, oh! Raccontateci di quando andavate ad aprire per ridere le porte delle chiese, e la gente diceva che erano gli spiriti, oh! »

Egli sorrise, stringendo il chiodo fra i denti; ma un altro ragazzo osservò:

« Per ridere! Per ridere! Forse era sul serio che le apriva! »

Allora egli sputò il chiodo; e Annarosa fuggí per non sentirlo a giustificarsi e a raccontare le sue avventure.

Finito il lavoro, il fabbro entrò per ricevere la mercede: la nonna lo invitò a sedere, perché faceva cosí con tutti, anche per curiosità di sentire le notizie del vicinato, e gli scalò qualche cosa sul prezzo del lavoro eseguito.

Egli protestava, contando le monete con le sue dita nere.

« Lei sta bene, qui seduta nella sua scranna come una regina, ma lo so io quanto costa adesso il ferro, con la guerra! »

« Sei diventato avaro, Michele Sanna! Vuoi arricchire? »

« E le imposte che pago? E quell'altra imposta di mio figlio? Io, almeno, non avrò fatto molto onore ai miei genitori, ma spese non ne davo. Vossignoria mi darà un altro franco. »

« Come sta il tuo ragazzo? » domandò la nonna. « Ti darà spese, sí, ma ti farà onore. »

« Chi ne sa niente? » egli disse contrariato; « l'onore servirà per lui, le spese le ho io, e so io come tutto costa, adesso, con la guerra. Dunque quest'altro franco non me lo dà? Lo metteremo in conto per un'altra volta. Sí,» disse poi, buttandosi le monete dentro l'apertura della camicia, «Gioele verrà per Pasqua.»

Annarosa, in piedi presso la tavola, ebbe l'impressione ch'egli si volgesse a guardarla: arrossí e fuggí via anche di lí, spinta da un senso di gioia e di umiliazione.

«È inutile che torni; è inutile,» diceva ad alta voce, correndo giú per l'orto come per fuggire Gioele; poi rientrò per dire alla nonna che versasse dunque al fabbro il prezzo che egli pretendeva; ma il fabbro era già andato via.

La sera del giovedí santo venne finalmente, inaspettato, zio Predu Mura. Camminava forte sul suo bastone, e andò dritto verso la nonna, alla quale Mikedda con fretta silenziosa accomodava i piedi sulla pietra del focolare.

«E dove sono gli uomini?» domandò guardandosi attorno. Poi sedette e sputò sul fuoco senza tanti complimenti, come faceva a casa sua, cosa che nelle visite precedenti non s'era mai permesso.

Infine disse:

«Ebbene, ce la date questa signorina?»

Annarosa stava seduta sotto la finestra e guardava il gattino che le scherzava intorno. Aveva un'aria distratta, ma il cuore le batteva forte. Le parole di zio Predu le parvero la sua sentenza di condanna.

Eppure pensò che bastava una parola sola per liberarsi; ed ebbe desiderio di dirla, questa parola. Sentí un gran caldo alla testa e come un'onda di nebbia avvolgerla. Poi rivide tutto chiaro nella stanza illuminata dalla lampada; la tavola lucida con un riflesso d'oro, la figura tozza di zio Predu, seduto sulla sua ombra, sullo sfondo rosso del camino, la matrigna pallida e composta come una statua: sentí l'odore di selvatico che il vecchio, sebbene pulito e vestito con un costume nuovissimo da vedovo, spandeva intorno: e pensò quello che sarebbe accaduto se rispondeva di no.

Zio Predu forse, sebbene offeso, fingerebbe di prender la cosa in ridere. La nonna crollerebbe come un muro vecchio all'urto del piccone.

« Annarosa, vieni qui. »

Era la voce della nonna che la richiamava completamente dal suo cattivo sogno. Si alzò e si avanzò rigida, obbediente, mentre zio Predu volgeva il viso a guardarla: un viso grande, barbuto, con gli occhi nerissimi cerchiati e la grossa bocca carnosa, con un'espressione di maschera satirica che pure incuteva rispetto e quasi timore.

Nell'andare incontro a quello sguardo vivo che la esaminava da capo a piedi e pareva la spogliasse, Annarosa ebbe l'impressione che zio Predu, pure assumendo un tono serio, si burlasse un po' di lei.

Infatti le domandò:

« Ebbene, sei disposta ad alzarti presto, la mattina? »

« Quando non ho sonno, sí! » ella rispose fissandolo negli occhi: ma subito lo vide aggrottare le sopracciglia e le sembrò di sentire la nonna palpitare di spavento. No, non erano momenti da scherzare, quelli! Abbassò gli occhi e le parve di avvolgersi in un velo, come la monaca che va a fare i voti.

« Annarosa s'è sempre alzata presto, la mattina, » assicurò la vecchia. « Ragazza solerte è. »

Ma adesso fu zio Predu a scoraggiarla.

« Bada, Annarosa, che da fare ce n'è, in casa mia.
Moglie mia, Paschedda, non riposava un momento,
eppure diceva che alla notte, appena fatto il primo
sonno, si svegliava pensando di aver dimenticato qualche cosa. Era una donna robusta, abituata all'antica.
Tu sei sottile come uno stelo. Non metterti in mente
di entrare in casa di signori. La roba, c'è, grazie al
Signore, ma badarci bisogna, altrimenti non si cam-
pa. Stefene ama la vita semplice, oh, bada! La vita
che abbiamo sempre fatto, da famiglia di gente al-
l'antica. Non dico che tu debba fare il pane d'orzo e
andare a cogliere le olive, ma, infine, alzarsi presto
la mattina bisogna. »

Ella rispose, quasi sottovoce, con una umiltà che
nascondeva a stento un fondo di amarezza:

« E la vita nostra com'è? Tutti lavoriamo. Non c'è
altro da fare. »

Il viso del vecchio si illuminò, per un momento,
mentr'egli diceva:

« Oh, bada, Stefene è un buon ragazzo: ti accor-
gerai chi è lui, quando lo conoscerai. »

Poi subito riprese la sua aria di lieve derisione.

« Perché stai cosí, a occhi bassi? Prendi dunque
una sedia e mettiti qui a sedere. »

La nonna disse con voce turbata:

« Annarosa, pensa di dar da bere a questo vecchio. »

« Oh, vecchio! Vecchio! Protesto! È piú vecchio
il diavolo, di me! »

Annarosa andò a prendere il vino, dall'armadio di
cucina; lo versò piano, guardando il bicchiere, pensò
che le sarebbe toccato di vivere chi sa quanti anni
con quell'odore di selvatico attorno, e ne provò un

senso d'angoscia. Poi mise il vassoio sopra la cappa del camino e sedette fra la nonna e zio Predu. Ecco, era già prigioniera: zio Predu teneva il bicchiere fermo sopra il pomo del bastone e d'un tratto s'era messo a parlare con la nonna, ricordando un loro incontro, in una festa campestre, e un fatto strano quivi accaduto.

« Ti rammenti, Agostina Marini? C'era un cavallo malato di bolsaggine, condotto da uno straniero; di un tratto un uomo si avvicina e dice: "Questo cavallo è mio, mi è stato rubato dalla *tanca*". Lo straniero gridava e protestava: fece vedere il bollettino come aveva comprato il cavallo, ma l'uomo diceva: "Io il tuo bollettino lo metto ad accender la pipa; il cavallo è mio". E prese la testa della bestia fra le mani, lo guardò negli occhi, disse: "Mi riconosci?". Il cavallo nitrí; tutti noi si sentí un brivido. Ma lo straniero non si voleva arrendere. Ebbene, disse l'altro, facciamo una prova: "Io monto il cavallo e lo faccio correre nonostante la sua bolsaggine". Lo straniero acconsentí. L'altro montò il cavallo e il cavallo si mise subito a correre. In un attimo sparvero cavallo e cavaliere: il bello è che non tornarono indietro e lo straniero, imbambolato, continuò, se gli piacque, il viaggio a piedi. Ti ricordi, Agostina Marini? »

« Ricordo bene, Predu Mura! »

Zio Predu bevette e fece atto di sollevarsi per rimettere il bicchiere che Annarosa fu pronta a toglierli di mano. Egli parve gradire quest'attenzione; tornò a guardarla e rivolse il discorso a lei.

« Eppure il cavallo, comprendi, ragazza, apparteneva proprio allo straniero. Questo si è saputo dopo. Tu dirai: "Che uomo svelto, il ladro!". E io ti rispondo: "Tutti i ladri sono svelti". Che cosa t'im-

magini, ragazza? Sono uomini di talento i ladri: e
faticano, per il loro scopo. Ebbene, e poi c'è un'altra
cosa: che scontano sempre: dacché mondo è mondo
il male si è sempre scontato, o in un modo o nell'altro. In quella festa, dunque, molti deridevano lo straniero e quasi quasi invidiavano il ladro. Ebbene, ti
dico, ragazza, io amo piuttosto essere derubato e mal-
menato, che rubare e malfare io. Anche per la coscienza, oh, intendiamoci, non per il solo timore del
castigo. Poi ti dico un'altra cosa; che il ben fare vien
sempre compensato. È un pregiudizio il credere che
i malfattori e gli uomini di cattiva coscienza siano
fortunati e i buoni no. Non è vero! Lo affermo! Avrei
mille esempi da contare. »

E infatti raccontò parecchi di questi esempi. La
vecchia ascoltava con attenzione, approvando col capo; Annarosa aveva l'impressione ch'egli parlasse cosí per incoraggiarla nel suo sacrificio, e si annoiava;
ma sentiva anche una vaga speranza che le promet-
tesse davvero una misteriosa ricompensa.

Empí nuovamente il bicchiere e zio Predu lo ac-
cettò senza farsi pregare; questa volta però lo tenne
in mano anche dopo vuotato, e si rivolse a Nina.
Gli occhi gli brillarono.

« Dunque, ce la date questa signorina? »

La donna ch'era stata sempre silenziosa e ferma
al suo posto, sorrise, un sorriso scintillante, ma non
rispose.

Non toccava a lei rispondere.

E Annarosa tentò di prender la cosa allegramente.

« Prendetemi pure, » disse, poi impallidí e non parlò piú.

La nonna allora tese la mano sana: zio Predu glie-
l'afferrò, la scosse un poco entro la sua, gliela rimise

in grembo: ella sentí tante promesse in quel gesto, la sicurezza del patto stretto; e lagrime di gioia le riempirono gli occhi dopo tanto tempo che non piangeva piú.

Fu stabilito che Stefano farebbe la sua prima visita il giorno di Pasqua: il venerdí e il sabato le donne pulirono la casa da cima a fondo, compresa la camera di zio Juanniccu, dove Annarosa si trattenne con curiosità. Era una stanza sotto il tetto, una specie di soffitta, ma alta e ariosa: i mobili piú disparati la ingombravano, perché egli portava su, da quaranta anni a questa parte, tutte le sedie, gli sgabelli, gli armadi e i tavolini rotti o in disuso, e li appoggiava contro le pareti, senza del resto curarsene piú. Fra gli altri c'era un antico mobile di ebano, intarsiato di avorio, dal quale erano stati tolti dei pezzi per applicarli sul cassettone della nonna, mezzo secolo avanti. Annarosa si turbava ogni volta che rivedeva quell'avanzo di mobile di lusso; le pareva un fossile, residuo di una età di preistoria famigliare, e provava un senso d'orgoglio al pensiero che la sua famiglia era antica, e capiva in certo modo l'istinto di zio Juanniccu a circondarsi di quei rottami, — rottame in mezzo ad essi.

Il sabato furono fatti anche i dolci. Tutto procedeva in silenzio, e pareva che nulla d'insolito fosse accaduto. Lo stesso Gavino, in vacanze, pure aiutando le donne e rubacchiando il piú che poteva dei dolci, cercava di non far chiasso: e aveva l'impressione che il matrimonio della sorella fosse un avvenimento misterioso, grande, ma da tenersi segreto il piú possibile, come il matrimonio di un principe con una donna di diversa condizione. Andò anche a cercare nel vocabolario la parola morganatico. "Morganatico, add. aggiunto di matrimonio, ed è quello in cui sposando un uomo qualificato una donna di grado inferiore, le dà la mano sinistra in luogo della destra, e stipula nel contratto che la moglie continuerà a vivere nel grado suo, per forma che i figliuoli, quanto alla eredità, son considerati come bastardi, e non possono portare il nome e l'arme della famiglia." Poi corse a dare la mano sinistra a Mikedda che gliela prese e la guardò di sotto e di sopra credendo ch'egli avesse una spina.

Ed ecco la mattina di Pasqua, mentre le campane riempivano di un lieve rombo di gioia l'aria vaporosa, nell'aprire la finestra Annarosa vide Gioele nella strada. Il suo primo movimento fu di ritirarsi, per paura ch'egli volesse dirle qualche cosa; ma egli camminava serio, a testa bassa, col suo passo lesto lievemente cadenzato, rasentando le case ed il muro di fronte. Non aveva ombrello, sebbene piovigginasse, e neppure piú il mantello; era vestito di grigio, con le falde di un cappelluccio verdastro abbassate sui folti e lunghi capelli.

Arrivato sotto la finestra di Annarosa abbassò ancor piú la testa; pareva attento solo a non scivolare sull'acciottolato umido della strada; ed ella si sporse, ebbe desiderio di chiamarlo, fece di tutto, infine, per attrarre l'attenzione di lui. Ma egli andava oltre, rasente il muro, col suo cappello verde che nel grigiore luminoso della strada metteva una nota primaverile. Ella sperò che passasse cosí guardingo per assicurarsi di non essere osservato, e che tornasse indietro: invece lo vide allontanarsi, sparire senza neppure voltarsi.

Allora si sentí umiliata.

"Sa che tutto è finito e non vuole piú neppure guardarmi. Ha ragione, del resto; perché deve guardarmi?"

Aspettò ancora; forse Gioele sarebbe tornato indietro per la curiosità di vedere s'ella era ancora alla finestra; ma Gioele non ripassò piú.

"È finito tutto. Meglio cosí. Però perché scrivere che mi avrebbe attesa alla porta? Ed io che lo aspettavo davvero! Egli è tornato per farmi dispetto, per dimostrarmi che mi disprezza. Meglio cosí. Ma perché neppure mi saluta piú? Che cosa gli ho fatto?"

Per calmarsi corse nell'orto; voleva anche lei andarsene indifferente sotto la pioggia, farsi bagnare come una foglia. Tutto era finito, del passato, tutto ricominciava, come dopo l'inverno ricomincia la primavera.

"Anch'io non lo guarderò mai piú; che m'importa di lui? Avrò dei vestiti di seta e gioielli e pellicce; sarò bella ed egli avrà rabbia a guardarmi, un giorno."

Scese fino alla punta dell'orto e s'affacciò sul muro. Finiva di piovere: le ultime goccie le cadevano sui capelli, le scivolavano sul collo e le davano un brivido come le penetrassero nella carne.

Poi il cielo cominciò a spaccarsi come una volta di mosaico che qualcuno pestava; e i frammenti cadevano, di qua e di là dietro i monti fumanti, finché apparve l'azzurro con ancora qualche trama di nuvola; brandelli dell'inverno che una mano invisibile ritirava dietro l'orizzonte, riponendoli per un altro anno.

Addio; il lungo inverno se n'è andato davvero, finalmente: l'odore delle viole e dei ciclamini sale dalla valle, gli alberi dell'orto hanno già qualche ciuffo di foglioline in cima, e i rami ancora nudi mostrano le unghie rosee delle gemme: e sopra ogni gemma s'è posata una goccia d'acqua come un insetto di luce.

Ed ecco Annarosa che s'appoggia e comincia a piangere, mormorando: «Ti amo, ti amo». A chi dice "ti amo" non sa: a Gioele, alla primavera, alla vita: non sa, ma sente una gioia sensuale mischiarsi al suo dolore, e le lagrime le cadono sulla punta delle dita come la pioggia sulle gemme.

Tutta la giornata non fu che un'attesa e un preparativo per la visita di Stefano, sebbene si ostentasse una calma profonda evitando financo di parlare di lui.

Nel pomeriggio Mikedda, pure vestita a nuovo, non fece altro che spezzar legna e caricare il fuoco del camino: volle anche, con le sue dita tutte rotte dalle scheggie, aggiustare i capelli sulla fronte della vecchia padrona, tirandole un ricciolino bianco sulla tempia e annodandole poi bene sotto il mento le cocche del fazzoletto nuovo.

In ultimo le accomodò i piedi sulla pietra del focolare, stendendovi su la veste.

«In coscienza mia, adesso il fidanzato, quando viene, s'innamora di lei, tanto è bella. Non le manca che una rosa in mano.»

La vecchia padrona lasciava dire e fare; tutto era permesso, quel giorno, anche di scherzare con lei.

Solo la inquietava un poco la continua assenza di Annarosa, sempre in giro per l'orto o nelle camere di sopra. La voleva seduta accanto a lei in attesa, come sedeva la nuora.

« Nina mia, » disse cominciando a impazientirsi, « cerca Annarosa, che si faccia trovare almeno qui nella stanza. E manda a chiamar tuo figlio dalla strada: e tu, tira un po' giú quel fazzoletto sulla fronte. »

Pazientemente la donna obbedí; mandò Mikedda in cerca di Gavino, chiamò Annarosa, si tirò il fazzoletto sulla fronte, e tornò, cosí mascherata d'ombra, a sedere accanto al camino.

Ma né Annarosa scendeva, né Gavino rientrava. Mikedda gridò dalla porta di cucina:

« Egli sta in mezzo alla strada a spiare l'arrivo del fidanzato e dice che fa quello che gli pare e piace. »

« Gli dirai che lo vuole la nonna. »

Mikedda uscí e rientrò.

« Dice che non gl'importa nulla né di me, né della madre, né della nonna. »

« Va a chiamarlo tu, Nina mia. »

La nuora uscí a malincuore, tirandosi ancor piú il fazzoletto sulla fronte; ma appena mise fuori la testa dal portone vide, in fondo alla strada già invasa dal crepuscolo, avanzarsi quietamente la figura di Stefano con un punto rosso in mezzo al viso pallido: e si ritrasse rapida, mentre Gavino correva incontro al fidanzato, afferrandogli la mano e toccandogli il braccio come per assicurarsi ch'era veramente lui.

Era veramente lui, alto e grave, col soprabito abbottonato, il cappello duro dal quale sfuggivano le punte arricciate dei capelli scuri. Aveva i baffi cosí neri, tagliati corti sulla bocca carnosa, e gli occhi cosí cerchiati, che parevano tinti.

Arrivato al portone si tolse il sigaro di bocca, ne

scosse la cenere, poi lo guardò e lo buttò via; e mise la mano sulla spalla di Gavino come per farsi condurre da lui.

E andarono diritti dalla nonna, sulla quale egli si chinò, col cappello in mano, salutandola quasi cerimoniosamente. Poi si sollevò e prese la mano che Annarosa, sopraggiunta rapida e silenziosa, gli porgeva.

Per qualche attimo nessuno parlò. Erano tutti turbati, anche la matrigna, anche la serva, che accostava tutte le sedie della stanza al camino.

« Siedi, » disse finalmente la nonna, tendendo la mano tremante.

Stefano si tolse il soprabito, e apparve in un corretto abito nero, con la cravatta nera, serio e grave come un vedovo.

« E Agostino? » domandò.

« Verrà fra poco. Siedi. »

Egli sedette, gettandosi un po' indietro sulla sedia e accavallando le gambe pesanti. E Annarosa notò subito ch'egli aveva i piedi grossi e le mani bianche, ma grandi sui polsi forti. Rassomigliava al padre, nelle membra che, sotto le vesti borghesi accurate ed anche eleganti, tradivano la razza paesana: il viso però era melanconico, con due pieghe intorno alla bocca sensuale e gli occhi dolci, sognanti.

« Agostino sarà qui fra poco, » ripeteva la nonna con accento di scusa; « anche oggi, sebbene Pasqua, è dovuto scendere all'oliveto perché qualcuno ha portato la notizia che dei buoi pascolano di frodo laggiú e rovinano gli olivi. Ma fra poco sarà qui. E padre tuo come sta? »

« Oh, lui sta bene! » esclamò Stefano: e cominciò a parlare del padre con un'ammirazione che a momenti aveva però una lieve tinta di canzonatura bonaria. Il tono della sua voce era basso, eguale, ma caldo e armonioso. « Trova sempre da fare, anche lui. S'alza all'alba e va a messa, poi guarda i suoi cavalli, la sua giumenta, il suo puledrino appena nato. Adesso ha anche due martore, in casa; anzi, invita Gavino a visitarle. Riceve poi tutti i giorni, quando è in paese, persone che vengono a domandargli consigli o farsi aggiustare qualche dissidio fra loro. Sembra l'avvocato in casa nostra. Se sono presente io, certuni desiderano anzi che mi ritiri. È vero che egli li riceve nel cortile, sotto il fico, se non piove; fa come i Giudici sardi antichi, che ricevevano i sudditi e pronunciavano lí per lí sentenze e condanne senza bisogno di carta bollata. »

« Uomo d'altri tempi è, Predu Mura, » disse la donna con ammirazione. « Vedendolo mi pare di vivere davvero in altra epoca. Uomini cosí, adesso non se ne trovano piú; pare un sogno d'incontrarli. »

« Ma no! Tutti i tempi hanno avuto ed avranno uomini deboli e uomini forti. »

« E dove sono questi uomini forti, adesso? Non vedi come la gente è meschina? Anche giovani di buona famiglia, anche uomini anziani, abbandonano il paese, emigrano, tornano che non sono piú né paesani né borghesi, trasvestiti come maschere, con cattive abitudini. Non sanno piú lavorare la terra, non osservano piú le leggi di Dio. »

« I tempi sono cambiati, » aggiunse Stefano: « ma è il mondo che cammina. »

Ella insisteva, felice dell'attenzione che egli le prestava.

« Non è camminare buono, questo, ti pare? Tu hai studiato e conosci il mondo meglio di me. Ma dimmi quando c'è mai stato tanto amore per il denaro, tanta poca coscienza in ogni cosa? »

Annarosa pensava: "E noi, non siamo qui per il denaro?".

Poi tentò di parlare anche lei: ma s'accorgeva che la nonna la sorvegliava, e sentiva che qualunque cosa avrebbe detto sarebbe male a proposito.

Infatti sollevò subito un mormorío di protesta quando, facendosi coraggio, ripeté una cosa che aveva letto in un giornale.

« Se si farà la guerra la gente cambierà di carattere. Ma si farà la guerra? » soggiunse subito.

La nonna, la serva dall'uscio socchiuso di cucina, la matrigna che sedeva all'angolo del camino e pareva volesse nascondersi nell'ombra, Gavino che si appoggiava alle spalle di Annarosa, tutti si volsero a Stefano con curiosità ansiosa.

« Si farà, » egli disse con calma.

Allora la nonna diede un grido.

« E Agostino? Me lo prenderanno? »

« Se occorre lo prenderanno. »

« E tu, » domandò Annarosa dopo un attimo di esitazione, « sarai richiamato? »

« Anch'io, certo. Ma c'è tempo. »

Mikedda si avanzò di qualche passo, poi ritornò sull'uscio. Voleva domandare se anche zio Taneddu verrebbe richiamato. Tutti parlavano della guerra, nel vicinato, molti aspettavano di essere richiamati, alcuni volevano partire volontari.

Annarosa disse un'altra cosa che fece ridere Gavino.

« Se fossi uomo chiederei subito anch'io di andare volontario. »

« Piano! Ci vorrebbe il consenso della nonna. »

« Me lo darebbe: se no scapperei. »

La nonna la guardava severa. Del resto Stefano non dava molta attenzione alle parole di lei: parole di donna, di ragazza. Le donne, specialmente le ragazze, parlano facilmente di tutto, anche se non capiscono niente: e d'altronde è bene che certe cose neppure le capiscano. Pensino all'amore, alla casa, alla famiglia, alle loro vesti, ai loro piccoli interessi: tutt'al più l'uomo può discutere di cose gravi con loro per galanteria, senza intaccare menomamente il suo concetto virile della vita, della patria, dei suoi doveri d'uomo e di cittadino.

Dunque egli non giudicò opportuno continuare a parlare della guerra, anche per non addolorare la nonna che lo guardava con occhi supplichevoli e severi come se la guerra dipendesse da lui. Per divertirla, anzi, raccontò un'avventura accaduta la notte avanti. Una donna gelosa si era trasvestita da uomo per aspettare che il marito uscisse di casa dell'amante, e gli si era avventata contro con un randello rompendogli la testa.

« Alle grida dell'uomo accorsero i carabinieri in pattuglia e inseguirono la donna finché questa non si fermò alla sua porta. Solo allora il marito s'accorse ch'era lei. Per volere di lui la cosa è stata messa a tacere. Io l'ho saputo per caso ma non vi dico i nomi. »

« La donna è Mariana Fera, malanno abbia, » disse Mikedda dall'uscio di cucina. « Io lo sapevo già. »

Stefano si volse a guardarla. Annarosa e Gavino ridevano d'intesa, ed egli aveva l'impressione che si burlassero di lui. Tuttavia continuò a raccontare le storielle del paese. Disse che era stato a messa e aveva veduto una signora già vestita di bianco nonostante la giornata ancora invernale. Ma era una forestiera, moglie di un impiegato amante della caccia; e tutti e due, moglie e marito, passavano per essere due stravaganti.

« L'altra notte il marito è stato giú nella valle, per cacciare un cinghiale; appostato fra le macchie ha atteso non so quante ore. Finalmente ecco il fruscío, ecco il noto passo del cinghiale; spara, corre a guardare. Aveva ammazzato un bue. »

E d'un tratto si volse verso l'uscio di cucina per vedere se la servetta era già informata anche di questo.

« Gliel'hanno fatto pagare trecento lire; ed era un vecchio bue magro. »

« Bisognerebbe mandarlo nel nostro oliveto, dove tutte le notti ci sono dei buoi che pascolano di frodo, » disse Annarosa.

E si alzò, pensando che per tutta la sua vita avrebbe sentito Stefano a raccontare di queste storielle.

Aiutata da Gavino andò a prendere dalla tavola, sulla quale era stata messa una bella tovaglia antica da comunione, il vassoio dei dolci e il vino; nel tornare verso Stefano lo vide che guardava il posto lasciato vuoto da lei e le parve che gli occhi di lui, sollevandosi e incontrandosi coi suoi, fossero diversi, vivi e ardenti.

Egli la guardava come la vedesse solo in quel momento; e doveva trovarla graziosa e di suo gusto, e cosí china a offrirgli un calice di vino sul vassoio scintillante, perché il suo viso s'animò di gioia.

Prese anche un dolce offerto da Gavino, ma raccontò che quando era studente e tornava per le vacanze di Pasqua la madre preparava dei canestri pieni di focacce e dolci, per lui che non ne mangiava.

« E dateli ai ragazzi o ai poveri, » le dicevo; ma lei aveva preparato le focacce per me e le lasciava muffire piuttosto che darle ad altri.

"Perché era avara," pensava Annarosa, e ricominciò a ridere mentre Gavino diceva con serietà che per lui invece i canestri con le focacce e i dolci erano sempre chiusi a chiave. Ma la nonna cominciò a perdere la pazienza: sollevò la canna, e il rossore cattivo dei suoi movimenti di collera le colorí il viso.

Annarosa se ne accorse e fu pronta a riprendere il suo posto accanto a Stefano: anzi si sporse un po' in avanti e mise la sua mano sulla mano della nonna dicendo:

« Non ci sgridate se ridiamo tanto; è per l'allegria, non vedete? »

Mentre ritirava la mano, Stefano gliel'afferrò e la tenne un po' stretta nella sua grossa e calda mano di pastore. A quel contatto ella arrossí: le sembrò che egli la stringesse tutta, e ne provò un turbamento confuso che subito, però, si convertí in dolore. Pensava a Gioele.

Stefano intanto con la mano libera traeva di saccoccia un astuccio facendone scattare la molla; e nella nicchia di velluto turchino dell'astuccio apparve un piccolo orologio d'oro attaccato ad una catenina sottile come un filo.

Era il suo dono di fidanzato. Annarosa lo tenne in mano e tutti vennero a vederlo. Gavino volle anche toccarlo e lo tenne per la catena facendolo dondolare come un ragno d'oro attaccato al suo filo. Poi ella si passò al collo la catenina e regolò l'ora con l'ora dell'orologio di Stefano.

Cosí le loro vite dovevano correre assieme, minuto per minuto, meccanicamente.

Uno scalpitare grave di buoi annunziò il ritorno di Agostino. Nel vano della porta apparve come nello sfondo bigio d'un quadro la sua figura a cavallo fra due grossi buoi neri ch'egli si traeva appresso prigionieri: in fondo la figurina scura di zio Taneddu, con la barba rossiccia lasciata crescere in segno di lutto, salutava Mikedda ferma sul portichetto col lume in mano.

E mentre i due servi s'incaricavano di legare i buoi e il cavallo, Agostino entrò, senza dimostrare troppa fretta né troppa gioia; strinse la mano a Stefano; poi sedette accanto alla tavola, con le ginocchia unite, il pugno chiuso. Era stanco ma soddisfatto. Soddisfatto perché vedeva il suo miglior sogno conchiuso: Stefano Mura seduto al suo focolare, e sul petto di Annarosa la catenina d'oro, segno della promessa di matrimonio; ma soddisfatto anche perché gli era riuscito di portare prigionieri i buoi che pascolavano di frodo nell'uliveto.

« Mi scuserai, Stefano, se non mi sono fatto trovare in casa per la tua visita, » disse gravemente.

Stefano lo guardava con un'aria lievemente canzonatoria che ricordava quella del padre.

« C'erano qui le donne a ricevermi! »

« Lo so, perdio, che non venivi a visitare me. Tu dirai però che il santo giorno di Pasqua non si va in campagna. C'era bisogno, però, lo vedi. Li vedi come son grossi i due amici? Del resto, loro facevano il fatto loro; è il padrone, il malfattore, e dovrà lui ben rifarmi dei danni; se no lo farò condannare per pascolo abusivo: e pagherà, oh, mi dovrà ben compensare questa giornata di Pasqua. »

Stefano però, che sapeva per pratica come vanno

a finire queste cose, dava consigli concilianti; raccontò di un contadino che per vendicarsi d'una contravvenzione per pascolo abusivo aveva stroncato tutti gli alberi d'un podere; e parlava ad Agostino come ad un ragazzo, cercando di metterlo in paura per convincerlo ad essere clemente coi contadini.

Rigido sulla sua sedia, col pugno chiuso, Agostino non si lasciava convincere: difendeva i suoi diritti e poco gl'importava che i contadini fossero poveri ed esasperati da una condanna cercassero di vendicarsi.

La giustizia e la coscienza non badano a queste cose.

La nonna approvava con la testa.

E poiché la discussione continuava e fu chiamato anche zio Taneddu per sentire il suo parere, Annarosa si alzò e s'avvicinò alla finestra. Ed ecco la visione della mattina rinnovarsi. Gioele passava dall'altro lato della strada già illuminata dalla luna, rasentando il muro. Andava verso casa. La sua figura slanciata, i capelli lunghi, il vestito chiaro e il cappello verdastro, lo stesso suo passo cadenzato, gli davano un'apparenza singolare quasi fantastica.

Durante la giornata Annarosa, per quanto si fosse affacciata alle finestre, non l'aveva piú riveduto: e nessuno doveva sapere del suo ritorno perché neppure Mikedda, neppure Gavino, nessuno ne aveva parlato. Ed ecco che egli appariva nel crepuscolo lunare come un'ombra colorata. Pareva fosse stato tutto il giorno nella valle verde, tuffato in un bagno d'erba e di luce, e tornasse riportandone la freschezza radiosa.

Annarosa appoggiò il viso ai vetri e abbassò gli occhi pieni di lagrime. Le pareva di essere sospesa in un punto misterioso, fra il sogno e la realtà: alle sue spalle risuonavano le voci che discutevano di cose volgari; e il sogno passava nella strada fra il chiarore del crepuscolo e della luna.

D'un tratto sentí come se picchiassero ai vetri. Sollevò gli occhi e vide Gioele che s'era fermato e la guardava. Le parve che gli occhi di lui brillassero come due stelle. E prima ch'ella stessa si rendesse ragione di quel che faceva corse nell'ingresso e socchiuse la porta.

La strada era deserta. Gioele tornò indietro, le si fermò davanti silenzioso, con le mani bianche abbandonate sui fianchi. Non pensava neppure a togliersi il cappello. Ella lo vedeva attraverso il velo tremulo delle sue lagrime e le pareva che la figura di lui e la strada e tutta la terra e il cielo oscillassero.

Non dissero una parola; ma una strana scena muta accadde fra loro. Ella scese lo scalino della porta e Gioele le prese la mano e fece un passo come dovessero andarsene assieme; la sua mano era sottile, fresca come bagnata di rugiada. Annarosa ricordò la mano di Stefano ed ebbe paura. Si sentivano fino alla strada le voci là dentro che discutevano: le sembrò che tutti, anche la nonna, si alzassero per inseguirla. Tornò sullo scalino della porta, e prese l'altra mano di Gioele; e se le portò al viso ardente, le due mani fresche come due foglie, si asciugò le lagrime con le dita di lui: poi lo respinse lievemente accennandogli di andarsene; ed egli obbedí.

Fu quella sera stessa che la nonna volle parlare con Juanniccu.

Sebbene tutto andasse bene non era contenta, la nonna, e sentiva il bisogno di sfogarsi con qualcuno.

Era già a letto, sola con Mikedda, perché Annarosa e la matrigna erano andate a partecipare ad una famiglia di parenti l'avvenuto fidanzamento, e Agostino era in giro per l'affare dei buoi.

«Sta attenta,» disse alla serva: «appena il padrone Juanniccu rientra, fammelo venire qui: e tu poi va a letto.»

Poco dopo Juanniccu attraversò le stanze, col suo modo furtivo, col passo molle delle sue scarpe logore: e aveva ancora come nei giorni d'inverno il risvolto della giacca tirato su, sul collo rientrante fra le spalle. Quel passo, quell'odore di abbandono e di miseria ch'egli spandeva intorno a sé, umiliarono e turbarono piú del solito la madre.

«Siedi,» ella disse scuotendo la testa sul guanciale per liberare l'orecchio dalla cuffia. «Saputo lo hai che oggi Stefene è venuto per la sua prima visita? Siedi.»

Egli sedette, con le mani in tasca, tutto abbandonato su di sé.

«Saputo l'ho.»

«Ebbene, non ti pare sia tempo che tu pensi a fare una vita piú cristiana? Almeno adesso, per il decoro della famiglia? Oggi, giorno di vera Pasqua per noi, dove sei stato tu?»

«Qua e là,» egli disse con un cenno vago della testa.

«Quando si mangiava l'agnello mandato in dono da Predu Mura, questo mezzogiorno, io pensavo a te. Pensavo: tutti hanno la loro passione, poiché anche Cristo l'ha avuta, ma per tutti viene un giorno di Pasqua. Solo per te non viene. Non ti sei neppure cambiato, oggi. Il vestito nuovo ce l'hai, e anche le scarpe. Te le abbiamo fatte apposta e tu non le metti.

Mettile, domani, tieniti pulito. Anche Agostino mi ha raccomandato di dirtelo. Non fare arrabbiare Agostino. Lo sai che è buono, ma guai se perde la pazienza; allora è come la giusta ira di Dio: non perdona piú. Ma dove dunque sei stato, oggi? »

« Ebbene, da loro. »

« Da chi? »

« Da loro. Dai Mura. Sono andato a trovare zio Predu, questa mattina, ed egli mi ha fatto stare a mangiare con loro: anche nel pomeriggio ha voluto che restassi con lui a fargli compagnia. »

La madre aprí gli occhi, sbalordita, poi li chiuse forte. Avrebbe pianto, se avesse potuto: ma non piangeva mai. Ricordò quello che la nuora diceva sempre di Stefano: "Stefano è buono".

« Stefano non ha detto nulla, che tu eri là. Ma ecco perché non ha chiesto di te. »

« C'è poco da chiedere di me, » egli disse, e chinò il viso sul petto, sognando.

Aveva bevuto molto con zio Predu, e gli pareva di essere ancora là, nella grande cucina che aveva l'aspetto e l'odore di un ovile, col rumore dei cavalli che scalpitavano nel cortile, il cane accovacciato davanti al focolare e qualche agnello scorticato, nudo; col grappolo violaceo delle viscere pendenti dal ventre spaccato, appeso ai piuoli della parete.

« Che cosa ti diceva il vecchio? È contento? »

« Contento è. »

« Che pensi, tu? Li farà sposare presto quei ragazzi? Non conviene per il lutto, ma sarebbe meglio farli sposare presto. Che dice, il vecchio? »

« Nulla mi ha detto, di questo. Parlava della moglie morta come sia ancor viva, ma lontana di casa. Ma è sano e forte, zio Predu. Quello è uomo che se vede che le cose non vanno bene, riprende moglie. »

Ella tornò a spalancare gli occhi, e come un mondo di formiche le si destò dentro come dentro un tronco morto.

« Tu sragioni, Juanniccu; pazzo sei. È destino che ogni volta ch'io parlo con te mi debba arrabbiare. Sei proprio il castigo dei miei peccati. Perché le cose non devono andar bene? » proseguí, tirando fuor delle lenzuola la mano e agitandola come avesse ancora la canna. « Uomo savio è, Predu Mura; e alla sua età non si fanno piú sciocchezze; perché dovrebbe riprender moglie? Non ci andrà in casa Annarosa? E la casa gliela saprà custodire. È ancora bambina Annarosa; a volte ride senza ragione e si agita come la foglia al vento; ma a Stefano piace appunto cosí, me ne sono accorta bene, oggi: egli è troppo quieto, ma appunto per questo ha bisogno di una donna che gli giri attorno e lo rallegri un poco. Annarosa si burlava quasi di lui, oggi, e un bel momento se n'è andata fuori della stanza come se la visita non fosse per lei. Ebbene, Stefano la guardava con gioia; le ha preso due volte la mano, la seconda volta appunto quando è rientrata nella stanza, e pareva volesse portarsela via. Perché le cose non devono andar bene? Lascialo venire tre o quattro volte e vedrai come tutti e due si innamorano. Adesso non si conoscono ancora, ma si conosceranno. »

« Eppure... »

« Eppure? Tu vedi sempre cose che non esistono. Il vino ti fa sognare. »

Egli infatti sognava anche in quel momento. Il vino bevuto gli fermentava dentro; e lí, nel tepore e nella quiete della camera in penombra, l'ubriachezza gli cresceva come la febbre.

Gli pareva di non potersi più muovere di lí; ma ci stava bene; aveva l'impressione di essere come un corpo liquido dentro un vaso di cristallo. E vedeva una grande pianura verde con tanti piccoli cespugli dorati, e un popolo di farfalle variopinte che svolazzavano intorno, si incrociavano, si univano, si separavano, andavano incontro ad altre, ad unirsi di nuovo, a separarsi di nuovo. Tutto procedeva bene, armoniosamente, in una danza fatta di silenzio, di dolcezza, di voluttà. Perché nella vita degli uomini non poteva procedere cosí?

« Tutto va bene, sí, » mormorò; « ad Annarosa piace Gioele, e a Nina piace Stefano. Anche a lui piace Nina. E lasciateli fare. E lasciate che si piacciano e che si prendano. Tutto va bene. »

La vecchia tentò di sollevarsi sul letto, col viso congestionato. Le pareva che Juanniccu la percotesse. Ricadde, sudata, sospirando; gridò con voce grossa:

« Vattene, idiota! » ma tese il braccio e lo afferrò per la manica; ed egli da prima si mise a ridere, come si divertisse a spaventarla, poi le vide gli occhi luccicanti nel viso livido e provò un senso di paura.

Anche lui temeva di farla morire: si svegliò dal suo sogno e riabbassò la testa sul petto.

Quando ebbe ripreso respiro ella disse:

« Juanniccu, ubriaco sei, ma la coscienza ce l'hai. Bada che tu adesso, tu hai detto una cosa grave. Perché l'hai detta? Tu calunnii la tua stessa famiglia. Ma non ti lascerò andar via di qui, mi trascinerò dietro di te, se tu non mi spieghi le tue parole. »

« C'è poco da spiegare! Avete sí o no mandato voi Nina in quella casa? L'avete mandata. E Nina è donna e ancora giovane. E ha gli occhi in faccia. Allora ha guardato Stefano e Stefano è uomo e anche lui ha gli occhi in faccia. »

« Anche tu hai gli occhi in faccia, idiota. »

« Anch'io ho gli occhi in faccia, » egli ripeté pazientemente. « Cosí ho veduto che si guardavano. »

Ella gli strinse piú forte il braccio; tremava tutta, anche nella parte morta del corpo. Dopo un momento di silenzio domandò sottovoce:

« Che altro c'è stato fra loro? »

« Nulla c'è stato. Si guardavano. Si guardavano! » egli ripeté per la terza volta, con voce un po' stridente come stesse per piangere.

Poi tacquero. La madre gli lasciò il braccio, abbandonò la mano sull'orlo del letto e chiuse gli occhi.

« Nina è onesta, » disse finalmente. « Non lo ha neppure guardato in viso, oggi; è stata sempre silenziosa e nascosta. Sognato hai, tu. E t'impongo di non parlare piú con nessuno d'una simile cosa. Neppure con me. Vattene. »

Ma nel vedere che egli obbediva lo riafferrò per la manica.

« Dimmi una cosa. Si sono piú veduti, loro due? »

« Nina non è piú tornata là, né Stefano è mai venuto qui. Dove si vedevano? »

« Vattene. »

Eppure non lo lasciava, aggrappandosi a lui, nel suo naufragio, come ad un tronco morto galleggiante. Tante cose avrebbe voluto domandargli: tante cose che ella stessa sapeva senza risposta; ma quando egli accennò a rimettersi a sedere lo spinse con quanta forza aveva.

« Vattene. »

E rimase sola, nell'ombra rossastra e tremula che pareva prodotta dall'agitazione del suo cuore.

Qui cominciò il dramma della nonna.

Né quella sera, né nei giorni seguenti ella parlò con nessuno del suo colloquio col figlio; ma alla notte non dormiva e di giorno vigilava.

Stefano veniva tutti i giorni, verso sera, come la prima volta; e come la prima volta sedeva davanti al camino, fra lei e Annarosa.

Non sempre la matrigna assisteva alla visita, o se entrava nella stanza si metteva in disparte, silenziosa, coi vivi occhi intenti nel viso pallido, un po' china la testa incoronata dalla lucida treccia bruna.

Anche la nonna parlava poco: osservava tutto, però, immobile nel suo angolo, come dal fondo di una grotta: era come se lei stesse in ombra, ma vedesse gli altri muoversi nella luce. E non si lasciava sfuggire un solo dei loro gesti, pure tentando continuamente di convincersi che le parole di Juanniccu erano state parole d'ubriaco.

Tutto però le dava sospetto, e specialmente l'indifferenza ostentata fra Stefano e Nina.

Stefano veniva sempre alla stessa ora: arrivava fino al portone col suo passo calmo, col sigaro acceso che si toglieva di bocca e spegneva prima d'entrare: spesso aveva in mano un fascicolo di carte d'affari con la copertina arancione piegato in due e lo deponeva su una mensola in alto nell'angolo della stanza senza mai dimenticarsi di riprenderlo prima d'andarsene.

Portava giornali e libri ad Annarosa e a Gavino, e se questo era in casa lo attirava a sé e parlava e rideva con lui. Alla nonna raccontava gli avvenimenti del paese.

Il tempo, dopo Pasqua, si fece bello; sereno e calmo. Stefano arrivò un giorno senza soprabito, e apparve, nell'entrare, piú svelto e piú giovine. La nonna pensò che era primavera, che anche alle pecore si toglie la veste di lana, che anche lei era stata giovane e viva. Si volse e attraverso la porta aperta sul cortile vide la vite che già metteva i germogli e il muro del pozzo ancora dorato dal lungo tramonto. Non era piú tempo che i giovani stessero accanto al fuoco.

« Andate fuori, andate un po' dunque nell'orto, » disse agitando la canna verso la porta.

E i fidanzati s'alzarono, obbedienti. Stefano accomodò sul collo di Annarosa un lembo del risvolto di merletto; ed ella lasciò fare tranquilla; parevano tutti e due tranquilli, come già marito e moglie sposati da tanti anni; e la nonna con la sua canna in mano li guardava di sotto in su ricordando che al solo sentirsi toccare da un dito del suo fidanzato, in un tempo lontano, tremava tutta e stringeva i denti per non gemere.

« Andate: camminate un poco. »

Appena essi furono usciti cercò con gli occhi la nuora. La vide che guardava i fidanzati dalla finestra della camera sull'orto; la sua figura nera si profilava dritta, rigida, sullo sfondo del cielo tutto coperto di nuvole d'oro che si spaccavano come la buccia di una immensa arancia. Sembrava un crepuscolo estivo. Una gioia quasi carnale era nell'aria tiepida e fragrante, nella luce dorata che penetrava e rallegrava anche l'interno della casa. Giú nell'orto si sentiva la voce un po' eccitata di Annarosa.

« Nina, » chiamò la nonna, « vieni qui. Lasciali un po' in libertà, tanto possiamo essere sicure di loro.

Stefano è serio e Annarosa ancora piú di lui. Siedi qui, Nina. »

La donna sedette senza rispondere. Col viso proteso, il collo allungato, aveva l'espressione dolente e rigida della vera vedova. Solo le sue lunghe ciglia si sbattevano rapide sotto le palpebre ferme.

La vecchia frugava nella cenere con la canna; ne scavò una piccola brace rosea, la premette come volesse schiacciarla, poi tornò a seppellirla.

« Bisogna lasciarli un po' in libertà, » ripeté. « Li teniamo sempre qui stretti fra noi, guardati a vista come due nemici che si vogliono sbranare. Secondo me, non è uso buono, questo: arriva che due si sposano senza conoscersi e di lí cominciano le questioni. Stefano dice che in Continente si usa lasciar liberi i fidanzati, i quali vanno soli anche a spasso. Questo non lo approvo, perché non bisogna fidarsi troppo della natura dell'uomo, ma un po' di libertà ci vuole. »

« È già molto se vanno soli nell'orto, » rispose la nuora; « non per loro, ma per la gente. Tutti i vicini li stanno a spiare. »

E accennò ad alzarsi; ma subito si accorse che la suocera la guardava in viso con diffidenza e senza cercare di nascondere questa diffidenza; e sentí il misterioso soffio della verità. Sentí che il triste suo segreto non era piú suo. Lasciò cadere le mani aperte, giú, di qua e di là della sedia, come uno a cui è stata strappata per forza una cosa dal pugno, e anche le sue spalle parvero abbassarsi.

Ogni parola della suocera confermava il suo sospetto.

« E lasciali spiare! Chi spia invidia o vuole togliere qualche cosa a chi viene spiando. Questo è

106

il male nostro, figlia mia: noi vogliamo sempre togliere qualche cosa agli altri. Non ricordiamo che già noi abbiamo avuto la nostra parte e che siamo come le foglie: dobbiamo cadere a tempo, per far posto alle foglie nuove. Dio comanda cosí, e bisogna osservare la sua legge; tutto a suo tempo; ad ogni stagione il suo frutto. »

La donna non rispondeva. Di tanto in tanto però volgeva il viso pallido verso la finestra, come ascoltando, piú che le parole della vecchia, la voce di Annarosa che si mischiava allo stridío delle rondini, al mormorío confuso e dolce della sera primaverile.

E si domandava come il suo triste segreto era in possesso della suocera. Nulla aveva da rimproverarsi, nulla da nascondere: fra lei e Stefano non era mai stata scambiata neppure una parola colpevole. E quello che c'era dentro di lei era una cosa che riguardava lei sola, una cosa tutta sua, come il suo cuore, come il suo sangue. Tuttavia non osò protestare.

La suocera continuava:

« Ogni cosa a suo tempo, Nina mia. Ti voglio raccontare anch'io una storia, come Predu e come Stefano. C'era una donna, che io ho conosciuto, ma della quale è inutile fare il nome, una donna che si tingeva i capelli. No, aspetta, ti dirò da principio: Questa donna, dunque, cominciava a invecchiare e non voleva; eppure aveva dei figli grandi. Andò da una fattucchiera, per farsi dare una medicina per non invecchiare. E la fattucchiera, furba come tutte le sue pari, le diede una tintura per i capelli. I capelli della donna tornarono neri; e quando i capelli le tornarono neri, lei dunque si credette ancora giovine e rifece tutte le pazzie della gioventú; ma la gente rideva e mormorava di lei. E l'uomo che lei amò la maltrattò e la derise fino a farle perdere la ragione. Pazza diventò. I dottori le esaminarono la testa, e dissero che la tintura conteneva un veleno. Questo veleno, dunque, sfrega e sfrega, le era penetrato nella cute e l'aveva fatta impazzire. Buono per lei se fosse rimasta nella sua strada. Vedi, anche il sole, che è il sole, s'alza, arriva in mezzo al cielo, cade e tramonta; cosí deve essere la vita nostra, perché cosí ha stabilito Dio. »

La nuora taceva. Quest'inerzia irritava la vecchia piú che un'aperta ribellione. Quando aveva parlato della tintura aveva veduto la donna portarsi una mano ai capelli come per sentirseli ancora neri; no, la nuora non parlava con la bocca, ma i suoi occhi, il suo viso, le sue mani parlavano.

"È giovane ancora, lei," pensava la suocera. "Non ha bisogno di tinture, ha bisogno ancora di amore. Ma Stefano non lo puoi prendere, no, Nina mia, perché è destinato ad Annarosa; lo sapevi che era destinato a lei; perché lo hai guardato? Adesso bisogna che ti rassegni, per il bene della famiglia. Per il bene della famiglia ti parlo, Nina mia: e tu mi ascolti e mi intendi, appunto perché non sei come la donna che andò dalla fattucchiera."

« E poi tanti altri esempi, » diceva intanto con la sua voce piana e sorda. « Del resto, prendi la Bibbia e leggi, tu che sai leggere. Mio marito, tuo suocero e zio, tu l'hai conosciuto da bambina, aveva sempre la Bibbia in tasca: diceva che era la pietra sotto cui era fermata la fune che lo legava al pascolo della vita. Senza questa pietra si sarebbe messo a scorrazzare come un puledro indomito; e allora cosí si finisce nel precipizio. Leggi la Bibbia, Nina mia, e vedrai. Lui sedeva lí, a volte, e me la leggeva ad alta voce. E quando io mi arrabbiavo per cose vane, lui la tirava fuori di saccoccia, e con essa in mano faceva verso di me il segno della croce come per esorcizzarmi; e l'ira cadeva dal mio cuore. »

Dopo un momento di silenzio riprese:

« Quando morí, volle il libro con sé, nella fossa. Ma lo spirito del libro è rimasto qui. Mi sono io forse mai lamentata della mia sorte? Eppure non è stata bella; bella, come dicono, cioè tutta piena di allegria. Mio marito morto giovane, io rimasta coi due ragazzi, e uno andato bene, tuo marito, ma portato via presto anche lui dal vento della morte, e l'altro come tu sai. Anche tu sei rimasta presto sola, ma tu sei sana ed hai tre figli come tre fiori. Tutto andrà bene, per te, se tu vorrai. Annarosa nella sua casa come una regina. Agostino con noi, buono e nostro come il nostro pane; e Gavinuccio che sarà là gioia della famiglia. Studierà, andrà lontano Gavinuccio nostro. E adesso va a guardare quei due: chiamali dentro; l'aria si fa scura. »

La predica era finita; ma la donna non si mosse. Non sentiva neppure la forza di rispondere; le pareva d'essere come la biscia a cui sono stati tolti i denti; giú, molle, abbandonata, senza dolore e senza forza.

E continuava a domandarsi come il suo segreto era stato violato. D'un tratto, come in uno sfondo nebbioso, tra figure che si muovevano incerte e lugubri, vide quella del cognato, accanto a quella di zio Predu; il viso morto di Juanniccu e gli occhi vaghi parevano affacciarsi da un mondo lontano, torbido; ma guardavano di qua, e osservavano le cose del mondo dei vivi.

Sí, egli era stato là, nei giorni della morte; nessun altro poteva averla osservata. E sentí in fondo al cuore un desiderio di vendetta. Pensò di nuovo che mai era venuta meno ai suoi doveri; non cercava nessuno, non faceva male che a sé stessa, uccidendo giorno per giorno la vita in lei. Perché le frugavano il cuore?

Che colpa aveva lei se la sua carne era viva ancora? Ebbe voglia di buttarsi per terra, davanti alla suocera, di sciogliersi i capelli, di spogliarsi e urlare: che quei due di là accorressero, e l'uomo la vedesse nel suo martirio, e le tendesse una mano per salvarla.

Un attimo: ed ebbe vergogna e paura di questo suo primo impeto di ribellione pazza. Ma lei non lo aveva voluto. Erano gli altri che la prendevano per i capelli, la denudavano e la frustavano.

« Sí, » disse con voce assonnata, come svegliandosi da un sogno, « ragione avete, tutto va bene di fuori se tutto va bene di dentro. Cosí vi ascoltassero tutti! »

« Chi tutti? »

« Volevo dire figlio vostro Juanniccu. »

Adesso fu la vecchia a non rispondere. La nuora incalzò:

« Marito vostro è morto giovane, come il mio: sole ci hanno lasciatè nel piú bel tempo dell'anno, quando c'è la messe da raccogliere, e nessuno ci ha aiutate a vivere. Marito vostro avrebbe fatto bene a lasciare la Bibbia in eredità a figlio vostro Juanniccu. Cosí egli non sarebbe andato in giro per i focolari altrui. »

« Le sappiamo, queste cose! In tutte le case c'è la croce; è necessario, » ribatté la vecchia con asprezza.

« Ma se Dio permette che uno cada è per insegnare agli altri di camminare dritti e di badare dove mettere i piedi. Si muore, Nina mia, » concluse con voce meno aspra, « e bisogna presentarsi a Dio con la veste pulita. »

« E allora tutto andrà bene lo stesso dal momento che si muore. »

La suocera non insisté. Sentiva di aver colpito nel segno, poiché la nuora diventava amara e pungente. Per quel giorno bastava.

D'altronde rientravano i fidanzati e subito ella si accorse che la passeggiata nell'orto aveva loro fatto bene. Erano tutti e due un po' eccitati, col viso rinfrescato dall'aria della sera, gli occhi brillanti. Stefano aveva fra le dita un ramoscello di salvia e parve volerlo porgere a Nina, poi lo diede a lei, mentre Annarosa riprendeva il suo posto posandole la mano sulla mano e guardandola con tenerezza. E la matrigna si scostava, come respinta da quel fluido d'amore che i giovani avevano portato di fuori.

Stefano faceva il grazioso con la nonna. Dopo averle dato la salvia si rivolgeva a lei sola per raccontarle una storiella.

« Questa mattina il pretore ha discusso una causa per pascolo abusivo, condannando un cavallo, invece del padrone, a pagare la multa. La parte che sembra comica ed è seria è questa: il padrone tentò di provare che il cavallo gli era scappato, introducendosi a sua insaputa nel terreno altrui. Allora il pretore credette bene di condannare il cavallo. »

La nonna disse:

« È giusto. Tutto va bene purché giustizia sia fatta. »

La nuora, dal fondo della stanza, guardava quei

tre con occhi torbidi: fu per dire qualche cosa anche lei, poi scosse la testa con un moto di sdegno. Quando Stefano se ne andò lo accompagnò fino al portone, cosa che non faceva mai. Non lo guardò neppure, e neppure sapeva il perché preciso dei suoi movimenti; solo sentiva un impeto di collera gonfiarle il cuore, un desiderio cupo di far dispetto alla suocera.

Questa infatti s'era voltata a guardarla, è fu piú tranquilla solo quando la vide rientrare, e Annarosa disse:

« Domenica verrà il padre. »

Se veniva il padre era per fissare il tempo delle nozze: bisognava quindi pensare al corredo e la nonna disse che era necessario vendere l'olio, per procurarsi i denari, sebbene Agostino volesse aspettare che i prezzi dell'olio aumentassero.

Cominciarono a fare dei calcoli, come faceva lui. La matrigna osservò, con voce amara e beffarda, che in casa di Stefano le casse e gli armadi erano pieni di biancheria e Annarosa poteva andar là con le sue sole camicie.

« Miserabili a questo punto non siamo, » rispose la nonna; poi per punirla in qualche modo le ordinò di mandare a richiamare il figlio e la serva dalla strada.

Allora Nina si alzò, alta, quasi minacciosa, incalzata da un senso d'ira che non sapeva piú dominare.

« Mikedda non è nella strada, » disse con la sua voce amara, « è nella casa del vicino a divertirsi un poco con lui. »

« Tanto meglio! E tu, da buona padrona, dovresti un po' sorvegliarla. »

« S'ella non dà ascolto a voi, come può dare ascolto a me? »

« E tu dovevi riferirmelo prima. »

« Se tutto vi si dovesse riferire ben meraviglia ne avreste e poco riparo potreste metterci. »

Annarosa guardava la matrigna: mai l'aveva veduta cosí irritata; s'accorse che anche lei la guardava con occhi di sdegno e arrossí.

« Vado io, a chiamare Mikedda, » disse, come tentando di conciliare le due donne, ma la nonna la fermava con la sua mano e già la matrigna andava in cerca della serva, spinta anche da una rabbia gelosa che le faceva parere ingiusto che gli altri, anche i piú miseri, vivessero e amassero, mentre lei sola era condannata alla rinunzia di tutto.

Trovò infatti Mikedda nel cortile del vedovo. Questi sedeva su una pietra, davanti alla porticina della casupola, accanto ai suoi grossi buoi neri che ruminavano l'erba togliendola da un cesto che serviva da mangiatoia; la serva s'era alzata all'apparire della padrona, e s'appoggiava al muro, ma aveva il viso rosso e gli occhi smarriti; e l'odore stesso del cortiletto, odore di erba, di stalla, di bestie calde, e l'aria dolce, complice, e la stella rosea ferma in alto sul cielo ancora azzurro, tutto raccontava d'amore.

« Mikedda, » disse con voce rauca la padrona, « va subito a cercare Gavino e poi torna a casa dove aggiusteremo i conti. »

La ragazza le passò davanti rapida come un cane che ha paura d'essere bastonato.

« Taneddu, » l'altra riprese, quando fu sola col contadino, « noi ti abbiamo sempre considerato come uno di famiglia; e tua moglie è, si può dire, ancora calda sotto la terra. Quello che fai non è da onest'uomo. »

Il contadino se ne stava tranquillamente seduto accanto ai suoi buoi come sotto un monumento; si palpava le dita della mano destra con quelle della sinistra e pensava che, dopo tutto, era in casa sua.

« È la ragazza, che viene qui a trovarmi. »

« E tu mandala via: la coscienza ce l'hai. »

Allora egli si alzò, come se avessero bussato alla sua porta.

« Penso giusto che posso sposare la ragazza. Sono solo e ho bisogno d'una donna in casa. Sa fare, vero? È tanto piccola, ma crescerà. »

« Ebbene, » disse la donna sempre piú irritata, « allora vieni a parlare con mia suocera. »

E se ne tornò a casa, con l'impressione che tutti quelli che volevano amare, che volevano sposarsi, dovessero chiederne il permesso alla suocera.

Rientrando vide Agostino che era tornato dal podere e sedeva al solito posto, col pugno sulla tavola. Tutti erano al loro posto, tutto andava bene, intorno alla nonna, come i raggi della ruota intorno al pernio; si parlava del podere, dell'olio da vendere, di Stefano, di zio Predu che sarebbe venuto a fissare il giorno delle nozze.

In piedi, presso la tavola, la matrigna guardava Agostino: sentiva anche lei qualche cosa di vegetale, in quell'uomo rigido e fresco: sulle vesti di lui si notavano qua e là delle macchie verdi, come su un tronco d'albero. Le sue unghie erano piene di terra e tra i capelli pareva spuntassero dei fili d'erba. Ecco uno che poteva vivere senz'amore, che andava e veniva dalla valle portando negli occhi l'innocenza selvaggia della natura. Accanto a lui la donna inquieta sentí come il refrigerio del viandante stanco all'ombra di un albero: si calmò, disse sorridendo:

« E dunque avremo anche un altro sposalizio in famiglia. »

Mikedda arrossí e chiuse gli occhi, con la speranza che il padroncino Agostino le dicesse almeno qualche parola insolente. Ma egli pareva non avesse neppure sentito le parole della matrigna, intento a scrivere dei numeri sul suo taccuino sporco, preoccupato al pensiero di dover vendere l'olio prima che i prezzi aumentassero.

Ma quando tutto intorno fu vuoto e silenzio, Nina sedette al posto di Agostino, col pugno sulla tavola come lui, e parve a sua volta fare dei calcoli.

Aspettava il ritorno del cognato e si domandava come conveniva trattarlo.

Nel silenzio e nella solitudine la sua pena si rincrudiva. Tutti intorno a lei riposavano: Agostino dormiva nel suo lettuccio da soldato, con giú sul pavimento nudo le scarpe che puzzavano di sudore: Gavino nel suo lettino bianco, con un'arancia sotto il guanciale, sognando le martore e gli agnellini di zio Predu: Mikedda, nel suo, sognando i buoi neri e il campo di grano del suo vedovo: e anche Annarosa dormiva il sonno della giovinezza e della primavera, quel sonno che, se anche nel cuore c'è un dolore nascosto, avvolge il corpo con un velo morbido di voluttà, e durante il quale le quattro dita lunghe della mano raccolgono e stringono il pollice come nei sogni della primissima infanzia.

Solo lei vegliava senza riposo. Attraverso la porta socchiusa sentiva l'odore della notte primaverile e un grido lontano di assiuolo. Ma non si commoveva: non voleva commuoversi; solo, di tanto in tanto, un'ondata di sangue le balzava sino alla radice dei capelli, e le dava il desiderio folle di uscire nella strada, di andarsene per il mondo, nella notte tiepida, in cerca di libertà.

Poi tornava pallida e fredda e tendeva l'orecchio aspettando di sentire i passi del cognato.

Ma ancora non sapeva precisamente che cosa dirgli, e aveva paura d'approfondire il suo male col solo parlarne. Era uno di quei mali di cui non si pronunzia mai chiaro il nome.

E come il cognato tardava, ella si piegò un poco, chiuse gli occhi e le parve di scendere in un luogo oscuro, molle e misterioso, come nei sogni. Ma non dormiva.

Ricordi e immagini le passavano confusamente nel pensiero. Le pareva d'essere ancora ragazza, nei primi giorni ch'era venuta a stare presso i parenti in qualità di bambinaia non pagata. Durante la giornata stava coi bambini nell'orto, o li conduceva in chiesa e si divertiva con loro: ma alla sera le toccava di aspettare il padrone, perché la vecchia non concedeva mai a nessuno la chiave di casa; e quest'attesa la stancava e la umiliava. Seduta a quel medesimo posto, s'addormentava del sonno facile della fanciullezza, ma con l'orecchio teso anche nel sonno ad ascoltare i passi nella strada. A volte si svegliava di soprassalto, sembrandole che avessero picchiato, e usciva al portone e vi si fermava ascoltando i canti lontani o l'assiuolo nelle notti di primavera. La strada era deserta: lei sapeva che la vecchia non voleva si tenesse la casa aperta, di notte; eppure si compiaceva a disobbedirle. E s'azzardava a camminare, lungo il muro, fino alla casa del fabbro; poi tornava indietro col batticuore per la paura che, in quell'attimo, un malfattore fosse entrato in casa. O si fermava sul portone aspettando che qualcuno passasse, nella strada illuminata dalla luna, e pensasse poi a lei, cosí sola e orfana, e la sposasse. Quante volte aveva atteso cosí, con un'ansia superstiziosa! Il primo che passava era un vecchio contadino o un mandriano o un ubriaco tentennante.

Prima di condurre i bambini fuori, in chiesa o a visitare qualche parente, la vecchia le faceva la solita predica. Non si fermasse per la strada, non guardasse gli uomini, non chiacchierasse troppo coi parenti. Ella usciva, tutta felice solo di poter camminare e vedere qualcuno, col buon proposito di ubbidire alla sua benefattrice; ma d'un tratto il demonio l'assaliva e cosí, solo per il gusto di disobbedire come facevano i bambini con lei, guardava fisso il primo uomo che incontrava: e gli occhi di quello rispondevano subito ai suoi. Allora aveva vergogna di sé, dei bambini che teneva per mano, e abbassava gli occhi, contenta solo di aver disobbedito.

Poi la vecchia le aveva fatto sposare il figlio. Era diventata padrona anche lei, non lasciava piú la casa aperta, non sollevava piú gli occhi nell'incontrare gli uomini. Ma rimasta vedova, dopo molti anni di clausura, qualche notte, nelle tiepide notti d'estate, si fermava sul portone, prima di chiuderlo, e le sembrava di essere ancora ragazza ad aspettare che passasse un uomo degno d'essere guardato. Non il primo né il secondo, ma quello che poteva essere degno. E qualcuno passava, e la guardava anche senza essere guardato, ma andava oltre e non si volgeva nemmeno. Non si sposa facilmente una vedova povera con un figlio da mantenere.

Poi la vecchia l'aveva mandata ad assistere la parente malata...

Il passo di Juanniccu, il suo lieve tocco al portone la riscossero. Rapida balzò, chiuse l'uscio di comunicazione fra la stanza e la cucina, depose il lume sulla tavola. Nel vedere che apriva lei, Juanniccu ebbe come un moto di spavento: stette, pesante e tremulo, sulla soglia, aspettando ch'ella si ritraesse, poi entrò, a testa bassa, lasciando a lei la cura di chiudere.

E lei chiudeva, con un lieve tremito nelle dita. Ancora non sapeva come cominciare il discorso, se fermare il cognato nella cucina o seguirlo nella sua camera, perché gli altri non sentissero. Aveva paura che egli alzasse la voce. Meglio forse era lasciarlo andare, aspettare un momento più opportuno, tanto più che egli sembrava ubriaco, almeno a giudicarne dall'odore di vino che esalava.

Un senso di ripugnanza la prese. No, era meglio tacere; e s'indugiava a chiudere per lasciarlo andar su; ma d'un tratto sentí di nuovo che era la paura, non la repugnanza, a farla esitare. Allora, stringendosi le mani l'una con l'altra per fermarne il tremito, si affrettò per raggiungere il cognato nella cucina: e s'accorse ch'egli l'aspettava.

Stava fermo accanto all'uscio del corridoio: la lucerna lo illuminava di faccia proiettando la sua ombra sulla parete; il suo viso era pallido, con le palpebre abbassate: pareva si fosse addormentato in piedi, con la testa un po' dondolante sul collo.

Ella si avvicinò, più alta di lui, investendolo con la sua ombra: non sapeva ancora come cominciare,

ma non aveva piú paura; si sentiva capace di schiacciarlo contro il muro se egli alzava la voce.

Ma egli aprí gli occhi e la guardò; e fu lei a sentirsi come buttata per terra da quello sguardo di
infinito compatimento.

« Tu mi aspettavi, » egli disse; poi abbassò la voce: « che cosa c'è stato? ».

E pareva le offrisse il suo aiuto.

Allora la donna si turbò maggiormente; ma parlò
senza sdegno, con una sorda tristezza.

« Che cosa hai detto tu di me a tua madre? »

Egli rispose con prontezza insolita, quasi con vi-
vacità.

« La verità, ho detto! »

« No, non è la verità, Juanniccu! Tu mi hai accusato di un peccato che io non ho commesso. »

« Io non ti ho accusato di peccato. Cos'è il peccato? E che colpa hai tu se le cose del mondo vanno
cosí? Vanno cosí perché devono andare cosí. A volte
vogliamo metterci riparo, ma è come mettere la mano contro un fiume che straripa. E bisogna lasciarlo
straripare. Cosí a te è piaciuto quell'uomo perché
eri donna, e ti sei trovata sola con lui, in momenti
nei quali ti pareva ancora lecito di guardarlo; perché ti pareva fosse un uomo libero e tu una donna
libera. Invece non siamo mai liberi. E non lo siamo
perché non vogliamo esserlo. Se tu volevi esserlo,
potevi prenderti quell'uomo; e Annarosa si prendeva il suo ragazzo e cosí stavate contente tutt'e due,
almeno per un po' di tempo. Ma è che qui in questa casa, poi, si è tutti come ragazzi: si cerca tutti
di disobbedire ma non si può. Non si può, non si
può, » ripeté piú volte, dondolando la testa.

La donna l'ascoltava stupita; lo sdegno le svaniva dal cuore; sentiva bene di parlare con un ubriaco, eppure aveva desiderio di dirgli "hai ragione".

« Juanniccu, » ricominciò, « è questo che tu hai detto a tua madre? Tu sragioni; ma lei ti ha creduto, ed io... ed io... »

« Tu ti sei offesa; ma fai male: non c'è da offendersi, della verità. Mi offendo io, quando mi dite che sono pazzo? Sono pazzo perché sono pazzo. E so adesso tutto quello che mi vuoi dire. Lo so, sí: tu mi hai aspettato per dirmi che farei meglio a pensare ai fatti miei e a non immischiarmi nei tuoi. Ti leggo nella faccia quello che vuoi dirmi; vuoi gridarmi che sei una donna onesta e che vuoi essere rispettata: e ti dò ragione. Ti rispetto, Caterina, cognata: nessuno ti rispetta piú di me. Sei stata sempre la nostra serva, sempre paziente e silenziosa; non hai goduto la tua parte di vita, e noi abbiamo sfruttato la tua giovinezza come si sfrutta una pianta di susine. Ma cosa posso farti io, adesso? Dimmelo, tu, che posso farti? Non sei stata buona tu, a prenderti quell'uomo: hai abbassato gli occhi, dopo averli alzati; hai lasciato che la madre desse le chiavi ad Annarosa, che non le voleva. Peggio per te. Anche lui è come un bambino: ha obbedito ai genitori. Che posso farci, io? »

Ella lo ascoltava, torcendosi le mani. Era inutile parlare, con lui. Si pentiva di essersi abbassata a tanto: eppure lo ascoltava con la strana impressione di sentir dire davvero da lui le cose ch'ella stessa avrebbe detto.

« Ma io... ma io... » riprese, e tosto si lasciò di nuovo interrompere.

« Ma tu, ma tu? Che vuoi fare anche tu? Se non lo sai tu, quello da fare, come posso saperlo io? Tu farai il tuo dovere; questo mi vuoi dire. Ma qual è il tuo dovere? Startene lí nell'angolo ad occhi bassi rodendoti l'anima o guardare ancora quell'uomo e prendertelo, se fai ancora in tempo? Questo lo vedi tu, non devo dirtelo io. »

« Juanniccu! » ella disse con voce stridente; e sollevò le mani come volesse graffiarlo; gli occhi le brillarono quasi feroci; poi d'un tratto abbassò e sbatté le palpebre, e le sue dita si rallentarono, le mani si abbandonarono sulle braccia di lui. E gli afferrò le maniche, come aveva fatto una notte la madre, quasi aggrappandosi a lui in cerca di aiuto.

Fu un momento grave. Juanniccu la vide abbassarsi, divenire piú piccola, piú debole di lui; sentiva sulle braccia le mani ardenti di lei; e quella pulsazione di vita, di dolore senza nome e senza fine, parve iniettarsi nelle sue vene morte e arrivargli fino al cuore.

« Donna, » disse con una voce ch'ella non gli conosceva ancora; poi tacque, perché anche lui non trovava piú le parole; poi d'improvviso la donna trasalí, si sollevò e si volse sembrandole di aver sentito come un lieve nitrito alle sue spalle.

Era l'uomo ubriaco che piangeva per lei.

VII

La domenica, dunque, si annunziò come un giorno di grande festa per tutti.

Era di maggio, il giorno di Pentecoste. Già dall'alba le campane suonavano, e un usignolo era venuto fin sull'orto a sgranare sulle rose e sui fiori d'aconito sbocciati sul muro, le sue note perlate.

Dal finestrino della sua stanzetta zio Taneddu vedeva, nel cambiarsi la corta camicia cucita e rattoppata dalla sua prima moglie, le vecchie querce nere, già lontane nella valle, tutte dorate dalle foglie nuove, e i macigni di granito scuro sui monti coperti dal fiore rosso del musco. Perché anche lui non doveva rivestirsi di colore, e ridare a una donna le chiavi della cassa di sua moglie?

Per adesso indossava il costume ancora nuovissimo da vedovo; aprí il finestrino e vi si specchiò. Sullo sfondo tremulo del paesaggio, là dentro il vetro, si vide piccolo e rossiccio, col suo corpetto di velluto, la sua berretta nuova, come uno di quei contadini da presepio verniciati in nero.

E pensava che anche Mikedda era piccola e magra; ma doveva crescere e forse anche ingrassare; i polsi li aveva forti, e diceva lei ch'era buona a pulire il grano e la farina e a far da sola il pane di un ettolitro di frumento.

"Adesso sentiremo dalla padrona Agostina quanto c'è di vero in tutto questo."

Scese, guardò se in cucina le fave che aveva messo a cuocere bollivano, guardò se i buoi mangiavano. Mangiavano, i buoi, nel cortiletto caldo, e pareva salutassero il padrone col lento scuotere della coda; ed egli sedette un momento sulla pietra ove di solito la sua prima moglie s'indugiava a filare e cucire, e pensò un'ultima volta se il passo che faceva era ben fatto. Gli parve che appunto lo spirito grave della sua prima moglie, aleggiando intorno, colle ombre grandi dei buoi, col lento smuoversi delle loro code, con quel silenzio stesso di casa deserta fatto piú grave dai gridi di fuori e dal suono delle campane, gli dicesse:

"Va dalla padrona Agostina; se lei dice che è bene è bene."

Ed egli andò dalla padrona Agostina; prima però si assicurò che il brevissimo tratto di strada era deserto: solo in fondo, nel sole del crocevia, si vedevano passar fiammeggiando figure di donne vestite a nuovo che andavano a messa. Taceva il suono dell'incudine del fabbro, laggiú, e la porta del ciabattino era chiusa. Sul portone massiccio dei padroni, il contadino vide una figura disegnata col gesso, con un uovo per testa e due zampe di gallo; si fermò ad ammirarla, poiché la sapeva opera di Gavino e gli sembrò anzi che rassomigliasse un po' a lui. Poi entrò.

Il cortile era deserto, pieno di sole; la vite spiegava già intorno ai due pilastri del portichetto le sue foglie di oro argentato; giú in fondo, attraverso la porta della cucina e l'uscio della camera spalancati, la padrona Agostina, sulla sua scranna davanti al camino ancora acceso, pareva l'immagine dell'inverno ritiratosi in una grotta

Il contadino andò dritto a lei, sedette a un cenno della canna, aprí bene le gambe con le brache nuove gonfie come palloni.

« Sola l'hanno lasciata, padrona! »

« Nuora mia è andata a messa, le ragazze son di là. C'è Gavino. »

Gavino scriveva il suo compito di scuola con un ginocchio sulla sedia e gli occhi di qua e di là a seguire un moscone agitato tra il vetro e lo sportello: nel sentire la voce di zio Taneddu si precipitò all'uscio e guardò malizioso. La sua presenza rallegrò, ma imbarazzò il pretendente: eppure si guardarono,

Gavino e lui, come due vecchi amici che si fossero confidata ogni cosa.

La nonna agitò la canna per mandar via il ragazzo; allora il contadino si accomodò la berretta e disse:

« Padrona mia, io vengo a domandarle in sua coscienza informazioni di Mikedda. »

La vecchia padrona era quasi allegra, quella mattina: sentiva anche lei l'aria della festa e aveva voglia di scherzare.

« La vuoi forse prendere al tuo servizio? »

« E può essere anche, se lei me la cede! »

« Io, per me, te la cedo. Ma lei, quella mocciolosa, vuol venire? »

« E può essere anche, padrona mia! »

« E allora le informazioni, poiché ti rivolgi alla mia coscienza, son queste. La ragazza è ragazza: astuta e innocente nello stesso tempo. Sa voler bene a chi le vuol bene, ma sa fare anche il fatto suo. Lavora ed è forte e sana. Mangia, però, e d'inverno ha i geloni. »

« Ma è vero che sa fare il pane? »

« Lo sa, sicuro. »

« Lo sa anche infornare? »

« Lo sa. »

« E sa lavare e cucire? »

« Lavare, sí; cucire, qui cucisce poco, perché fanno le donne; ma può imparare. »

« Certo, bisogna almeno che impari a rattoppare. Un contadino come me strappa facilmente i suoi calzoni. Oh, e un'altra cosa, padrona mia: la ragazza è onesta? »

Ella lo guardò di sbieco.

« Questo lo puoi sapere tu piú di me. »

« È vero, padrona mia. Lei parla come il Vangelo. »

Richiamata al Vangelo, ella si credette in obbligo di fare il solito sermone: ricordò al contadino la sua prima moglie, che lavorava giorno e notte e non sollevava gli occhi davanti agli uomini.

« Tu l'hai presa come la lepre calda dal nido: e lei aveva i denari per comprare un carro, un aratro, un paio di buoi e farsene la dote. Cosí siete andati bene, avanti, nel nome di Dio. »

« Dio me l'ha data e Dio me l'ha ripresa, » egli disse commosso. « Aveva dieci anni piú di me e mi ha fatto come da madre. »

« E adesso tu farai come da padre a questa mocciolosa; e cosí sia. »

« E cosí sia, padrona mia. »

Stettero un momento in silenzio, come dopo una preghiera; poi lei domandò:

« Quando avresti intenzione di sposarla? »

« Giacché la cosa si ha da fare, si faccia: il mio frumento promette bene, e l'orzo anche. Io vorrei sposare la ragazza al tempo della raccolta: mi dice che sa mietere. »

« Allora sarebbe in luglio: noi cercheremo allora un'altra serva. E, mi raccomando; non toccare la ragazza prima delle nozze: tanto potete aspettare, il tempo è cosí breve. »

Egli fece un gesto vago, socchiudendo gli occhi.

« Speriamo che Dio ci assista. »

« Stasera, » disse infine lei, « vengono qui a cena Stefano e suo padre: anche noi salderemo l'anello della catena. Ebbene, accostati anche tu: mangerai un boccone con la tua ragazzina. »

Mentre egli se ne andava, né allegro né triste, ma

tranquillo come dopo aver concluso un affare, rientrò dalla messa Nina accompagnata da una donna anziana, avvolta in uno scialle nero. Era una vedova decaduta che, per favore e anche per guadagnare qualche lira, andava nelle case a cucinare quando c'erano pranzi o cene di lusso.

Nina salutò il contadino facendogli un cenno col capo come per dirgli "abbiamo concluso, dunque!", poi condusse la donna a vedere le provviste già fatte per la sera. Sulla tavola di cucina, lavata per l'occasione, si stendeva un intero capretto scorticato, roseo, coi visceri rossi e violetti e gli occhi di cristallo nero velati dalla malinconia della morte; e accanto gli giacevano due grosse lepri col pelo biondo e grigio e ancora le orecchie dritte rigide come nell'atto della fuga paurosa; e dei polli nudi, pallidi granulosi come intirizziti per la loro nudità, con solo un ciuffo di penne sulla testa. Trote e sardine d'argento brunito luccicavano entro un catino verde pur esso luccicante; e un fresco monticello di piselli, e carciofi che parevano grossi bocciuoli di rose violette, e uova, uova, uova bianche d'alabastro, completavano quel quadro di natura morta.

La vedova decaduta, con le mani pallide e fini fuor dello scialle nero toccava e divideva ogni cosa; e i suoi occhi avevano la melanconia di quelli del capretto morto. Le provviste erano abbondanti, ma guardando intorno per la cucina in cerca delle padelle e delle pentole, ella vide solo le ciclopiche ma inutili casseruole di rame; mancavano i recipienti moderni, per fare il dolce, per cuocere e servire intatti a tavola i carciofi e il pesce.

« Porterò io quello che manca, » disse con la sua voce piana, « ho ancora tutto. »

« È suocera mia che vuole le cose all'antica, » disse Nina per scusarsi.

Intanto Mikedda era scesa, lunga verdolina e profumata come uno stelo d'avena; e dietro di lei Gavino che cominciò a far rotolare le uova sulla tavola, finché uno ne cadde spaccandosi e sciogliendosi per terra come un frutto troppo maturo.

« Si capisce, dove passi tu passa la rovina. »

Gavino s'era chinato e sorrideva all'uovo rotto, guardandolo come una meraviglia.

« Potevano caderne due, mamma! »

« E tu, Mikedda, che fai? Ti chini tu pure a guardare un uovo rotto, mentre ti si aspetta per rivolgerti una domanda di matrimonio? »

Curva sul pavimento, Mikedda guardava di sfuggita verso la stanza attigua e aveva una strana paura ad avvicinarsi alla vecchia padrona; le pareva che la vecchia padrona avesse la sua sorte nel pugno.

"Se lei ha detto di sí è come mi abbia sposato il sacerdote," pensava.

Ma invece di rallegrarsi, ora che il suo sogno poteva dirsi compiuto, sentiva una tristezza oscura: pensava che una volta legata, una donna non si può sciogliere piú se non con la morte; e che zio Taneddu, sebbene piccolo, era, in fatto d'onore, grande e forte come il gigante Golia.

Almeno qualcuno avesse protestato per il loro matrimonio; almeno qualcuno avesse dato un solo segno di gelosia! Nulla. I padroni coi padroni, i servi coi servi.

S'avvicinò esitando al camino, e cominciò a passarsi sul dorso della mano destra la palma della sinistra come quando aveva i geloni.

« Ebbene, » disse la vecchia padrona, « anche questa mi tocca di fare; la paraninfa. Tu sei contenta?»

«Se sono contenti i miei padroni sono contenta anch'io.»

«Ebbene, allora va dai tuoi parenti e di' loro che ormai sei a posto anche tu.»

Ma prima di andare dai suoi parenti, Mikedda cercò la padrona piccola con la speranza di essere almeno da lei compianta.

Annarosa stava nell'orto, seduta sull'erba all'ombra del pesco: aveva un libro, ma non leggeva, e lasciava che le formiche e le coccinelle attraversassero le pagine aperte sulle sue ginocchia. Non le riusciva di leggere: le pareva che la luce abbagliante del mattino di maggio stendesse un velo iridato fra i suoi occhi e il libro.

Sognava: e pure guardando sulla cima della valle gli alberi che spandevano come dei raggi neri sull'erba lucente, e i cavalli che pascolavano e pareva curvassero la testa per comunicare un segreto alla loro ombra, rivedeva la chiesa ov'era stata a messa quella mattina e le rose che si disfacevano sui vasetti dell'altare. Una s'era sfogliata, e il prete con la mano aveva allontanato i petali sulla tovaglia senza smettere di leggere il libro.

Così adesso ella pensava al giorno delle sue nozze, tentando di allontanare il ricordo di Gioele come il sacerdote allontanava davanti a sé, senza guardarli, i petali della rosa sfogliata.

D'un tratto mise giú il libro sull'erba e piano piano, come involontariamente, si stese tutta, col cuore contro la terra: e chiuse gli occhi, e pensò al mistero che l'aspettava. Le pareva che Stefano fosse lí, steso al suo fianco, e il calore del sole che la copriva tutta fosse la carezza di lui. Ma si ribellò: no, non voleva. Egli però insisteva: la guardava negli occhi e intrecciava le sue dita molli e calde a quelle di lei, come faceva in tutti quei giorni quando la nonna li mandava a star soli nell'orto... La nonna conosceva la vita. Davanti agli altri Stefano pareva distratto, lontano, e Annarosa pensava a Gioele; ma appena si trovavano soli egli si volgeva a lei, la stringeva con violenza, le affondava il viso sul collo come volesse sprofondarsi tutto in lei, le dava dei baci che la portavano via in un turbine facendole dimenticare ogni cosa passata.

Un giorno l'aveva a tradimento sollevata tra le braccia come una bambina e portata su di corsa per il sentiero dell'orto, minacciandola, se gridava, di metterla sopra il pesco e di lasciarvela. Poi si era piegato, con lei fra le braccia, sull'erba del ciglione, costringendola a rimanere un po' nascosta con lui, come facessero all'amore in segreto.

Ed ecco le pareva di essere ancora cosí e di tendere l'orecchio ai rumori dell'orto. Sí, qualcuno veniva; si sollevò un po' rossa in viso, vergognosa di essere sorpresa a sognare in quel modo; ma quando Mikedda le si piegò davanti e strappando dei ciuffi d'erba le disse con tristezza: « Ha risposto di sí la padrona. Sono anch'io a posto, adesso », ella si mise a ridere, divertendosi al dolore della ragazza.

« Ma se non lo vuoi, chi ti costringe a prenderlo? Puoi rispondere di no! »

Mikedda la guardava coi suoi occhi di bestia ferita.

« Lei ride adesso! Ma anche lei non rideva quando ha detto di sí. »

Al ricordo Annarosa si oscurò in viso: aggrottò le sopracciglia e fece un gesto di sdegno per far intendere alla serva che nulla di comune esisteva fra loro;

poi rimise il libro sulle ginocchia e cominciò a sfogliarlo guardandolo da vicino come cercasse una pagina che non trovava.

« Anche tu riderai un giorno, » disse con tristezza. « Tanto è inutile piangere. Ricordati come piangevo, io, quei primi giorni, dopo Pasqua. Andavo su e giú e mi pareva di ammattire. Tutto mi girava attorno e avevo come delle allucinazioni. Il giorno di Pasqua, ricordi, il giorno della prima visita di Stefano, ho veduto l'altro passare nella strada; di mattina, l'ho veduto, e poi di sera, mentre stavate tutti a chiacchierare nella stanza da pranzo. Egli passava nella strada. Era vestito di chiaro con un cappello verde; l'ho sempre davanti agli occhi cosí, eppure ho l'impressione di aver sognato. »

Mikedda s'era messa in ginocchio sull'erba, con gli occhi spalancati e le mani giunte; dimenticava la sua pena nell'ascoltare ancora una volta le confidenze della piccola padrona; e questa proseguí come leggendo qua e là nel libro la sua storia:

« Dunque, io mi avvicinai alla finestra e lo vidi. La mattina non mi aveva neppure guardato: adesso ero io a · non volerlo guardare; ma le lagrime mi riempivano gli occhi, e d'un tratto sentii che egli si fermava e mi guardava; gli occhi gli brillavano come stelle. Allora, non so come, mi trovai sulla porta con lui. Mi prese la mano e, per un momento, io pensai di fuggire con lui. Poi tornai dentro. E non l'ho piú veduto, non ho piú saputo nulla di lui. Adesso mi pare sia già passato tanto tempo, e quasi non mi ricordo piú di lui; ma anche lui non si ricorda di me. Eppure sono certa di averlo veduto. Sono certa, » ripeté sollevando gli occhi pieni ancora di sogno, « gli ho preso anche le mani e mi sono asciu-

gata le lagrime con le sue dita. Adesso non piango
piú. A che serve piangere? Eppoi Stefano è buono
e mi ama piú di lui. Se io gli facessi un torto sono
certa che si vendicherebbe, sebbene sembri cosí calmo. Se sa che ho veduto l'altro, quel giorno di Pasqua, è capace di battermi. Invece l'altro è come un
fantasma; sono certa che non gli importa piú nulla
di me: ed anche per me è come sia morto. Ma tu,
dimmi, tu sapevi ch'era tornato?»

« No,» disse Mikedda, « le giuro in coscienza mia
che io non lo sapevo. Neppure il padre me ne ha
mai parlato; nessuno l'ha veduto. Che egli abbia
l'anello che rende invisibili?»

Annarosa si rimise a ridere, tanto Mikedda parlava sul serio.

« Vedi, dunque! Tutto è stato un sogno. Non par-
liamone piú. E tu va dove devi andare.»

Quando Stefano e il padre arrivarono, verso sera, la
tavola era già apparecchiata, con un mazzo di rose
nel mezzo. I posti erano otto. E mentre zio Predu,
con la barba ravviata che spiccava chiara sul velluto
nero del corpetto, sedeva accanto alla nonna e il suo
bastone pareva per conto suo salutare la canna dan-
dole dei lievi colpettini, Gavino prese Stefano per
la mano conducendolo attorno alla tavola e indican-
dogli per chi erano questi otto posti.

« Questo è per me; qui tu e Annarosa, e son tre;
qui Agostino e la mamma, e son cinque; qui la nonna; porteremo qui la sua scranna; qui zio Predu; e
qui anche lui.»

« Chi, anche lui?»

« Zio Juanniccu. Lui non voleva, ma la nonna ha

comandato. È lei che comanda. Sarà pulito: gli abbiamo fatto un vestito nuovo. »

Parlava piano perché non sentisse la nonna, occupata a discorrere col vecchio: poi tacque perché Annarosa entrava dall'uscio di cucina, chiuso per l'occasione. Nell'aprirlo che ella fece, si vide una nuvola di vapori e le due vedove, Nina e quell'altra, che correvano di qua e di là con piatti in mano.

Annarosa andò dritta a salutare zio Predu. Egli la guardò dal basso in alto sollevando il duro viso barbuto e parve stentare a riconoscerla.

« Ebbene, sei tu? E mettiti a sedere. »

Ella si mise a sedere; Stefano si avvicinò e stette dietro, guardandole i capelli pettinati con insolita cura.

« E lasciatelo aperto quell'uscio, » riprese il vecchio; « se entra un po' di fumo fa bene: è fumo d'arrosto. Non datemi troppo da mangiare; se no mi dimentico di dirvi quello che son venuto a dirvi. »

Abbassò un momento la testa, si lisciò la barba.

« Ah, » disse, poi, come ricordandosi, « ecco di che si tratta. Quando vogliamo romperla questa catena? »

« Ribadirla, volete dire! » esclamò Stefano, tentando di prendere la cosa alla leggera. Ma il padre, nonostante il suo tono volontariamente distratto, era serio, grave.

« Se fosse potuta venire qui la mia beata morta, avrebbe detto: piú presto è, meglio è. Ma il Signore le ha aperto la sua porta e siamo qui soli senza di lei. Ebbene, io dico di lasciar passare almeno mezzo anno di lutto, e poi far sposare questi ragazzi. »

« Va bene, » disse la nonna, « se tu sei contento, Predu mio, contenti anche noi. »

« Ma dove sono gli uomini? » domandò egli con

un po' d'impazienza. « Non sono mai a casa! Agostino dov'è? Qui non vedo che questa cavalletta, » aggiunse accennando a Gavino. « Apri quell'uscio, cavalletta. »

Gavino aprí l'uscio; e il fumo odoroso di salse e di zucchero bruciato penetrò nella stanza. Allora zio Predu vide, attraverso la porta spalancata della cucina, sporgenti dal sedile del portichetto, i piedi di Juanniccu.

« Chiama tuo zio, cavalletta: digli che venga subito qui! »

Gavino obbedí; e zio Juanniccu entrò. Sbarbato, pulito, sembrava un altro. Sedette al posto che Annarosa subito gli cedette, e parve ascoltare con grande attenzione una storia che zio Predu raccontava.

E si rivolgeva proprio a lui, zio Predu, cosa che faceva piacere alla nonna. Ella vedeva tutto come dal fondo d'un sogno; e cercava di lusingarsi nella speranza che tutto potesse proseguire cosí, il figlio ravveduto, la nuora rassegnata a lavorare con le serve, Gavino sano e allegro, gli sposi felici, sempre ridenti come stavano adesso davanti alla finestra aperta della camera dell'orto; Agostino in giro a far gli affari per la famiglia anche nei giorni di festa; la cucina sempre odorosa di buoni pranzi; e zio Predu a proteggere e beneficare tutti come il dio della famiglia.

Eppure in fondo sentiva qualche cosa brontolare, qualche cosa tentar di rompere il velo del sogno; come un uomo sepolto vivo che batte e grida nella sua cassa per farsi aprire; e quando Nina le si avvicinò chinandosi per dirle che tutto era pronto ma che si aspettava Agostino, e volse gli occhi rapidamente verso la finestra della camera attigua, e piú rapidamente li rivolse in qua, con un fugace splendore, ella ebbe quasi paura di quegli occhi e abbassò i suoi.

« Che dite, aspettiamo un altro poco? La donna non vuole, perché dice che la roba si guasta. »

« E allora andiamo. Oh, Predu, andiamo a tavola? »

« Quando si tratta di andare a tavola io sono pronto. Pronti! » egli disse battendo il bastone per terra.

« Pronti! » gridò Agostino che arrivava in quel momento, ed era un po' mortificato per aver fatto tardi, ma fingeva di non esserlo. Allo sguardo di rimprovero della nonna rispose battendo confidenzialmente una mano sulle spalle del vecchio e con l'altra accarezzandogli la barba.

« Oh, zio Predu, tanto appetito avete? »

Anche il vecchio batteva la mano sulla spalla di Agostino e diceva alla nonna:

« Che gigante hai, Agostina Marini; puoi andarne superba. »

Al chiasso i due fidanzati si volsero, sullo sfondo del paesaggio notturno della finestra; con una mossa rapida Stefano piegò la testa e baciò Annarosa sul collo; poi la spinse lievemente verso la stanza da pranzo, dove aiutò a portare la scranna della nonna accanto alla tavola.

Tutti presero posto, e Mikedda portò la zuppiera, volgendosi a guardare se arrivava il suo invitato; inciampò anche, destando un forte batticuore nella donna che dalla cucina la seguiva con gli occhi trepidando. E Nina serví i commensali, come faceva ogni giorno coi suoi di famiglia.

Vestita di nero, coi capelli che le circondavano il viso come due vive bende di lutto sormontate dalla corona d'ebano delle treccie, aveva le guancie arros-

134

sate dal calore dei fornélli, ma d'un rossore che a poco a poco si scoloriva e le lasciava sul volto un pallore livido di stanchezza.

Quando ebbe servito tutti, sedette fra la nonna e Gavino, sporgendosi in avanti per vedere se non mancava nulla a nessuno.

Non mancava nulla. A capo tavola sedeva zio Predu, che un po' sdentato come era masticava lentamente e dai baffi lasciava sgocciolare il brodo sui peli grigi della barba. All'opposto lato stava Juanniccu, ma pareva fosse lí per esilio e non per onore, cosa che del resto non lo preoccupava, a giudicarne dalla tranquillità con cui mangiava e beveva: e beveva tanto che lo stesso Gavino, da un lato, tentò di allontanargli la bottiglia, mentre Agostino, dall'altro, gli toccava il piede col piede.

In quanto al bere anche zio Predu non scherzava; anzi pareva volesse dare il buon esempio perché di tanto in tanto guardava verso Juanniccu mostrandogli il bicchiere che poi vuotava d'un sorso asciugandosi con la mano la barba sui cui peli le goccie violette del vino si mescolavano alle goccie argentee del grasso.

I suoi discorsi però erano seri, tanto che Annarosa, seduta accanto a lui, si distraeva e pensava alle sue cose; o si volgeva a Stefano cercandone lo sguardo con gli occhi ancora turbati per il bacio ch'egli le aveva impresso sul collo.

« Saranno superstizioni » disse zio Predu, respingendo davanti a sé il piatto ancor pieno, « ma io ho sempre creduto che le maledizioni vengono. Vi racconto un fatto: ecco, posso dirlo anche se ci sono i ragazzi; voi ricordate il fatto di compare Conteddu. Compare Conteddu aveva una moglie d'oro, ma fu abbindolato da quella maliarda mala femmina che fu poi la sua seconda moglie: e la prima morí di crepacuore, maledicendo. Ebbene, voi ricordate il fatto; la seconda moglie aveva un'osteria: e davanti alla porta dell'osteria una notte fu trovato morto ammazzato un forestiere danaroso. Ebbene; furono imputati e condannati per quest'omicidio compare Conteddu e la sua seconda moglie, quella maliarda mala femmina, e ancora sono in galera. Ebbene, ragazzi, essi erano innocenti: erano innocenti di questo delitto, ragazzi, ma su loro pesava e pesa la maledizione della prima moglie ch'essi, per potersi sposare, avevano avvelenata. »

Tutti si fecero un poco pallidi: Mikedda, che si era fermata ad ascoltare dietro la scranna della vecchia padrona, sporse il braccio seminudo per far vedere che aveva la pelle d'oca; poi tornò in cucina e si accovacciò davanti al contadino, seduto nell'angolo dietro l'uscio, guardandolo un po' spaurita. Ricordava di aver dato anche lei da bere alla moglie moribonda di lui, quando quella non doveva bere; e aveva paura del castigo.

« Che fatti che conta, zio Predu! Proprio stasera che si dovrebbe stare allegri! »

Ma il contadino continuò a mangiare, col piatto sul ginocchio, e questa tranquillità la rassicurò.

Di là discutevano. Stefano ammetteva l'esistenza di certe forze occulte di suggestione, apportatrici di bene e di male; e raccontava anche lui degli esempi; di una donna che, sedotta e abbandonata da un ricco proprietario, aspettava, in agguato dietro un muro come un assassino, che i figli del suo seduttore passassero, e li malediceva, e ad uno ad uno quei disgraziati morirono di mala morte, e solo il piú piccolo era scampato avendo la madre, messa in avvertenza, avuto cura di non lasciarlo mai passare davanti alla donna sedotta. E un altro esempio: di una famiglia andata in malora per le maledizioni di una vedova alla quale per un piccolo debito era stata espropriata la casa e lei cacciatane via con la forza pubblica. Questi fatti, veri, risultavano da processi; ed egli li raccontava con voce pacata, come davanti al Tribunale.

Intorno tutti ascoltavano seri: persino Gavino, sazio e assonnato, stava immobile, col viso fra le mani e gli occhi bassi come leggesse un libro piacevole.

Nella distrazione generale zio Juanniccu beveva e beveva; trovò persino il modo di scambiare la sua bottiglia vuota con quella di Agostino ancor piena; nessuno se ne accorse, ed egli cominciò a veder girare la tavola, con gli invitati che giravano intorno a sé stessi e l'uno intorno all'altro.

A poco a poco fu un movimento metodico, quasi armonioso come quello degli astri; gli occhi, le dita, tutte le membra degli invitati si movevano, giravano intorno a sé stesse; e cosí gli oggetti dalla stanza.

Egli dapprima sentí il solito stordimento piacevole di quando era ubriaco; poi ebbe un senso di angoscia e di nausea; come se avesse inghiottito qualche cosa di grosso e duro, che lo soffocava. Sentí il bisogno di cacciar via di gola quest'osso, questa pietra, e non sapeva come. Anche la testa gli girava intorno al collo; si volgeva dietro e vedeva nero, tornava in avanti e vedeva bianco. Incontrò gli occhi di vetro della madre, che lo guardavano di lontano come dal fondo misterioso di una grotta; vide zio Predu che col bicchiere gli accennava di far coraggio; lasciò che

Stefano finisse di raccontare un'altra storia e allora disse:

« È che l'acqua ricasca su chi la vuol mandare in alto. »

Gavino si scosse; lo guardò e si mise a ridere: e questo lo irritò.

Del resto tutti si erano rianimati nel sentire la sua voce, come venisse di fuori. La madre provò un oscuro senso di paura. Non aveva la canna in mano; ma con la testa e gli occhi gli accennò minacciosamente di tacere, di non dire le solite sue pazzie.

Zio Juanniccu però s'era rivolto a Gavino, con una cupa luce negli occhi, smuovendo le labbra come un cane che svegliato d'improvviso accenna a mordere; la figura del ragazzo gli sfuggiva attorno, irridendolo, ed egli tornò a guardare attraverso la tavola, ed ebbe l'impressione di andare, andare anche lui per una strada dritta in fondo alla quale zio Predu gli accennava di far coraggio.

« E dunque? » gridò rivolto al vecchio, facendo anche lui un cenno con la testa e col bicchiere. « E dunque coraggio. E fate le cose giuste! E lasciate sposare Stefano con Nina, poiché si vogliono; e che Annarosa si prenda il suo zoppo. »

Un piccolo clamore di risate, di esclamazioni, con un lieve urlo di Stefano, accolse queste parole. Poi la nonna disse:

« Bevuto hai, stasera, figlio mio: vattene a letto adesso. »

Egli era di nuovo tranquillo, placido. Di laggiú zio Predu non accennava piú col bicchiere: non aveva mutato viso, zio Predu; solo diceva ad Annarosa:

« Bene, bene; se tu acconsenti, Stefano sposa tua matrigna. Ma questo zoppo chi è? »

Gavino gridò dal suo posto:

« Gioele! »

E Nina tese la sua mano pulsante, di sotto la tavola, per battere il ragazzo; ma non osò neppure toccarlo.

Zio Predu diceva con disprezzo indifferente:

« Il figliuolino del magnano? »

« Brava, il figliuolino del magnano » ripeté dall'altro lato Stefano, e Annarosa si sentí presa come nella morsa di una tenaglia, tra padre e figlio; eppure rideva, silenziosa, a occhi bassi, e per non parlare cominciò a mangiare in fretta il biscotto nuotante nella crema del suo piatto.

Il piú calmo di tutti era Agostino; lo preoccupava solo il pensiero che in cucina potessero aver sentito le parole sciocche dello zio; del resto tutti sapevano che Gioele era innamorato di Annarosa, e tante volte egli s'era proposto di bastonare questo ragazzo, astenendosene per non compromettersi e non dar noia alla famiglia.

Si volse un poco e vide laggiú in cucina la vedova e Mikedda che parlavano fra loro, davanti ai fornelli dove preparavano ancora qualche cosa; e il contadino pareva non ci fosse, nascosto nel suo angolo.

"Io però questo ragazzo lo voglio bastonare," pensava. "Se zio Juanniccu parla cosí, vuol dire che lo vede ronzare ancora qui intorno, con la sua zampa e la sua chitarra. Prova a tornare in paese ed a farti vedere qui intorno, e vedrai chi son io e chi sei tu, maledetto moscherino."

Si passò la mano davanti al viso come per scacciare questo maledetto moscherino; ma scacciato di davanti il moscherino gli ronzò di dietro, sul collo, gli passò attraverso la brughiera dei capelli incolti, gli penetrò nell'orecchio.

Dopo che Annarosa s'era fidanzata egli l'amava e l'ammirava più del solito: gli sembrava più perfetta, e s'inteneriva al solo guardarla, a volte, con quella sua persona dritta come lo stelo di un giglio, col viso fermo e gli occhi limpidi in fondo ai quali si vedeva l'anima.

Eccola lí, anche adesso, a fianco di Stefano, quieta e ridente, per nulla offesa dalle idiote parole dello zio: ritraendosi un po' indietro Agostino ne vedeva di scorcio i capelli neri sulla nuca bianca e il solco delle spalle pure. No, se Gioele ronzava intorno a lei, lei non ne aveva colpa: era lui, il figlio del magnano, che annoiava il prossimo come una zanzara. Aveva per questo la chitarra; per ronzare. Bisognava una bella sera rompergliela sulle spalle, farlo diventar gobbo poiché non gli bastava di esser zoppo.

Eppure... Eppure, sorbendo anche lui la crema, sebbene non gli piacesse, ma perché doveva sorbirla per far onore alla cena, Agostino pensava che gli ubriaconi e gli idioti a volte parlano inspirati da una volontà che non è la loro, ma la volontà stessa di Dio.

Allora?

Un brivido, che non gli scosse un muscolo, ma gli tremò dentro fino alla profondità dell'anima, gli fece sollevare gli occhi e guardare la matrigna. La matrigna era lí, di fronte a lui, pallida, chiusa e triste, come riparata dal vecchio tronco morto della nonna; no; qui non c'entrava la volontà di Dio, né quella del diavolo: qui c'entrava solo il vino di zio Juanniccu. E d'un tratto Agostino sentí la sua collera riversarsi tutta su zio Juanniccu: era lui che bisognava bastonare.

"Adesso sto zitto; ma domani all'alba lo faccio scendere al podere e gli somministro tale dose di pugni e di schiaffi che dimenticherà persino di dire: ohi! E gli passerà la voglia di acconsentire un'altra volta a mettersi a tavola con noi."

Questo proposito non calmava la sua collera. Sentiva che qualche cosa d'irreparabile era accaduto. Guardò zio Juanniccu ed ebbe l'impressione di vedere un corpo inerte, piú morto di quello della nonna; poteva bastonarlo finché voleva, non riparava nulla. E le parole dette restavano dette e non si cancellavano piú. Piuttosto era forse necessario impedirgli di parlare oltre. Gli pareva che zio Predu, pur continuando a mostrarsi tranquillo e a discorrere placidamente, avesse mutato sguardo; non beveva piú, non accennava piú col bicchiere. Come una nebbia vaga, fredda, era caduta intorno velando l'atmosfera prima cosí calda e limpida.

"Domani questo idiota di nostro zio andrà ancora dal vecchio e continuerà a dirgli pazzie" pensava Agostino. "Bisognerà impedirglielo: bisogna educarlo come un ragazzo. Perché non l'ho fatto prima?"

S'irrigidí, col pugno sulla tavola come quando faceva i suoi calcoli; ma un lieve tremito gli scuoteva il polso: poi sentí che la nonna lo guardava e la guardò. Si intesero. Si promettevano di essere forti, di essere sempre le colonne della famiglia.

Egli aveva già risolto il problema.

"Non solo costringerò quest'idiota a venir giú con me domani mattina al podere, ma lo chiudo laggiú finché non si celebra il matrimonio: lo lego, se si ribella, gli cucisco la bocca con uno spago; e penserò io a tutto il resto."

E di nuovo guardò la matrigna e si accorse ch'ella era piú pallida del solito e dimagrita.

"Bisognerà dirle che tenti d'ingrassare di nuovo. Ci penserò io a dirglielo."

Infine guardò Stefano. Lo vide tutto intento ad Annarosa, e questa che sorrideva china come a specchiarsi nel suo piatto lucente. Allora, sollevato, gridò, alzando il bicchiere:

« Oh, zio Predu, avete dunque deposto la vostra arma? Su, su, coraggio: siamo in tempo di guerra. »

E si sentí piú tranquillo poiché il vecchio sollevava anche lui il bicchiere e sporgendolo di qua e di là brindava alla salute di tutti.

« Evviva! Evviva! e larghi anni di felicità a tutti. Ebbene, vieni qui, Taneddu Mariane » chiamò poi verso la cucina: « te ne stai lí a rosicchiare come un topo: eppure anche tu andrai alla guerra ».

Il contadino fu sull'uscio, coi suoi occhi maliziosi subito rivolti a Juanniccu.

Agostino l'osservava; vide quello sguardo e ricadde nella sua inquietudine.

"Ha sentito anche lui."

E gli parve che tutto il paese avesse sentito le parole stolte dello zio: ma toccava a lui rimediare.

VIII

Padre e figlio se ne tornavano a casa silenziosi, un po' discosti l'uno dall'altro, nelle strade buie, deserte. Era una notte tiepida, stellata, già estiva. Un canto corale, lontano, che pareva di pastori nella valle, risuonava nell'aria quieta. Stefano guardava per terra, come per vedere dove mettere i piedi, e quel canto gli dava un senso confuso di tenerezza e di angoscia: ma ascoltava anche i passi rumorosi e pesanti del padre, che pareva avesse i piedi ferrati come di un bue, e l'angoscia vinceva la tenerezza. Sentiva che il padre non avrebbe aspettato il domani per chiedergli una spiegazione. Gli sembrava già di vederlo entrare grave in casa, aspettare che il lume fosse acceso e sollevando il viso dirgli: "Stefene, devo parlarti".

E sapeva già come rispondergli.

Eppure la sua angoscia aumentava. Poco prima di arrivare alla loro casa, zio Predu si fermò e batté il bastone per terra. Pareva non volesse aspettare oltre a parlare: poi riprese a camminare piú forte e piú rapido.

Stefano gli si era avvicinato e aspettava. Sí, sapeva come rispondere; tuttavia la sua chiave girò lenta nella serratura del portone, come s'egli avesse timore ad aprire, e nel richiudere, mentre il padre lo precedeva di qualche passo nel chiarore grigiastro che la facciata bianca della casa spandeva sul cortile, egli ricordò le notti quando studente tornava a casa tardi e faceva di tutto per rientrare furtivo senza incorrere nei rimproveri paterni. Anche adesso avrebbe voluto fare cosí. Ma il padre, invece di precederlo fino alla porta, s'era fermato in mezzo al cortile. La sua figura corta e nera pareva diventata piú grave, piú compatta, appesantita dal pensiero che l'occupava.

Era un peso, sí, di cui zio Predu voleva liberarsi subito, prima di entrare nella casa; e per un momento si guardò attorno cercando ove meglio scaricare quel peso.

Il cortile precedeva la casa bianca a due piani con le finestre piccole senza persiane: due tettoie di travi e di tegole nerastre ne fiancheggiavano i lati, di qua e di là della casa, come due grandi ali spiegate; sotto una di esse si sentiva il ruminare dei cavalli e il russare dei maiali addormentati: dall'altra era balzato un grosso cane lanoso e caldo che si fregava contro le gambe di Stefano e lo guardava con gli occhi luccicanti nell'ombra.

« Stefano, devo parlarti, » disse zio Predu; e si diresse al posto ove soleva passare le ore belle della giornata per ricevere le visite dei vecchi amici e dei paesani che venivano a chiedergli consiglio e aiuto. Era un angolo ben riparato, fra il portone e la tettoia destra, con un sedile di pietra ombreggiato dal fico: un angolo ben riparato, dove si poteva parlare liberamente senza essere ascoltati o spiati.

Sedette, batté di nuovo il bastone per terra, piú volte, come tastando il selciato; parve trovare il punto fermo dove appoggiarsi bene, e allora sollevò il viso, guardò, al disopra del frastaglio nero del fico e del profilo delle tettoie, il quadrato di cielo fitto di stelle.

Stefano gli sedette accanto: aveva l'impressione che la facciata pallida della casa li guardasse come un grande viso misterioso, fra le due ali nere delle tettoie, attraverso lo spazio solitario del cortile. Il cane si era accovacciato silenzioso ai suoi piedi, ed egli sentiva come il soffio e l'odore di tutto il suo passato, di tutta la sua razza, in quel lieve ansare del cane, nel ruminare delle bestie sotto le tettoie, nel profumo umido di strame e di erbe aromatiche che si mischiava all'odore di selvatico del padre.

Non era la prima volta che sedeva lí, alla sera, accanto a lui. Altre volte vi si era seduta anche la madre, e fra tutti e tre era stato un quieto discutere di cose famigliari, un parlare delle cose attorno, e delle cose passate e di quelle da venire, e delle terre, del bestiame, del grano, e di monete, di monete, di monete, fitte, lontane eppure incombenti come tutte quelle stelle sopra la testa.

Il padre disse, come riprendendo un discorso interrotto:

« Dunque, dimmi una cosa, Stefene; a che cosa voleva accennare quell'idiota di Juanniccu? »

Stefano parve cercare di ricordarsi; e si volse senza paura, o fingendo a sé stesso di non averne; ma attraverso la doppia maschera delle tenebre e della sua finzione sentiva gli occhi del padre, vigili e un po' luccicanti come quelli del cane, scrutargli l'anima.

« Juanniccu? » disse lentamente, interrogandosi. « Era ubriaco, al suo solito, e sragionava. »

« Sei certo, che sragionava? Bada, Stefene, io non voglio rientrare in casa senza il lume acceso. »

« Babbo! Che parole son queste? »

« Ascoltami, Stefene. Sono vecchio, ma uomo sono anch'io. E conosco la vita. E semplice non sono stato. Peccato ho, anch'io, ma ho rispettato sempre la casa mia come una chiesa. Se non cominciamo noi, a rispettarla, la casa nostra, chi la rispetta? La mia casa me l'ho edificata io pietra per pietra, eccola lí, bianca come un altare, con le stelle per ceri: la vedi tu? Ho lavorato, Stefene; se uomo ha lavorato quello son io. E ho edificato la casa per tua madre, per te, per i tuoi figli, piú che per me. E ho rispettato sempre, anche attraverso i miei peccati e i miei errori d'uomo, la mia casa e la presenza di tua madre e tua nella mia casa. Quante occasioni ho avuto, di peccare là dentro, Stefene! E quante ne avrei ancora, vecchio come sono e oramai impotente ad andar lontano a peccare. Eppure, no, no! Io rispetto ancora la presenza di tua madre; mi sembra ch'essa non se ne sia andata: è attorno al focolare e alle sue casse. »

Stefano ascoltava senza replicare.

« Cosí ti dico, Stefene; sí, bisogna rispettare la propria casa, come il sacerdote rispetta l'altare dove celebra la messa. La famiglia è sacra. E cosí voglio che tu la rispetti, la tua casa, adesso e in avvenire. Se hai voglia di scherzare, scherza fuori, Stefene, hai inteso? Tua madre ha dato le chiavi ad Annarosa, ma la padrona è ancora lei, e la devi rispettare. »

« Babbo, lasciate le prediche e ditemi piuttosto in che cosa ho mancato di rispetto alla casa e a voi. »

La sua voce sdegnosa irritò il padre.

« Sono io che devo interrogarti. Dimmi che cosa voleva significare quell'idiota. »

« Io non so dirvelo, ammesso pure che egli parlasse sul serio. Che quel ragazzo, Gioele, ronzasse attorno ad Annarosa tutti lo sanno. Lei stessa fin dai primi giorni me lo disse e mi assicurò di non pensare piú a lui e di avergli assolutamente tolto ogni speranza. Da molto tempo egli non frequentava piú la casa. E del resto son cose da bambini. Che importa, questo? »

« E non è questo che importa. È l'altro. »

« L'altro? Quale altro? Che io possa aver a che fare con la matrigna? »

Zio Predu batté con forza il bastone per terra.

« Questo, sí, malanno! »

Stefano arrossí, nell'ombra, ma ritrovò subito la sua calma. Pareva anche a lui di aver cacciato via di corpo una cosa pesante. Si sentiva sollevato.

« Babbo, nessuno ha mai dubitato della mia onestà! Solo voi, adesso. Ebbene, poiché è necessario, e solo con voi posso farlo, vi assicuro che fra me e quella donna non c'è stato mai nulla di male. »

« La donna, però, ti piace. »

Stefano non rispose.

« Se lei ti piaceva, » disse il vecchio dopo un momento di silenzio, con voce mutata e un po' turbata, quasi avesse già ricevuto la confessione del figlio, « perché domandare la ragazza? Questo non lo capisco. »

Allora Stefano rise, un riso vago, pieno di rancore e d'ironia, mentre il padre, seguendo il filo del suo pensiero, continuava a dire ma come parlando fra sé:

« È che l'uomo fa sempre il suo tornaconto. O crede di farlo! E tenta d'ingannare gli altri, mentre è sé stesso che inganna. »

« Parole! Io ho domandato la ragazza perché è la ragazza che mi conviene: e la ragazza sposerò. L'altra starà a suo posto. »

« Parole sono queste, figlio mio! Le cose, in queste circostanze della vita, vanno male, quando non sono chiare fin da principio. Voglio credere al tuo giuramento. Voglio credere. Non c'è stato mai niente, fra te e la donna, dici tu. Niente. Voglio credere. Ma ci son gli occhi che fanno per conto loro. E sappiamo come si va a finire, in queste storie. Una volta penetrato nel frutto, il verme non se ne va piú. »

« Ebbene che devo fare? Se crederete, la donna non metterà mai piede in casa nostra. »

« E perché non deve mettere piede in casa nostra? Dunque l'inganno c'è! Stefene, parla da uomo di coscienza. Dimmi la verità. »

Allora Stefano disse con impazienza:

« Ma se l'avete detta voi poco fa, la verità! Sono uomo anch'io e le occasioni ci arrivano fin dentro casa! La donna è venuta qui e mi ha guardato lei per la prima! »

Le sue parole risuonavano aspre, chiare; eppure si sentiva come una vibrazione di piacere crudele nella sua voce; piacere di far dispetto al padre o piacere di rievocare il ricordo della donna, o di vendicarsi di lei per la noia che gli procurava?

Il padre domandò:

« Relazione c'è stata, fra voi? »

« A questo non rispondo; perché già ho risposto. »

« E allora lascia che ti ripeta una domanda: perché invece di lei hai voluto domandare la ragazza? »

« Il perché lo sapete già. Perché era il vostro volere. Cosí era stabilito. Da tanto tempo si parlava di questo matrimonio che io stesso non sapevo pensarne un altro. Era il desiderio vostro, dei parenti tutti. È stato il testamento stesso di mia madre: come potevo pensare a disobbedirvi, dopo essere stato sempre un figlio obbediente? Eppoi, » concluse, con quel vago riso di rancore e di sarcasmo, « per l'altra, certo, non sareste andato a fare la domanda. »

« Questo è vero, malanno! »

« Una vedova! Una donna piú vecchia di me! Una parente povera con figli già grandi! La matrigna appunto di quella che già tutti consideravano come mia fidanzata! Potevo prendermela per amica, se fossi stato meno onesto di quello che mi avete fatto; ma per moglie no. E neppure per amica, era possibile prenderla, perché c'era di mezzo l'onore del parentado e poi il pericolo di sposarla. E questo, vi assicuro, assolutamente non volevo farlo. Non volevo farlo, » ripeté con accento di rabbia, « perché appunto sono figlio vostro e, in fondo, quello che pensate voi penso io. La donna mi passava accanto come il fuoco. Come non accorgermi di lei? Ho però sempre frenato il mio desiderio perché avevo la coscienza di non poterlo mai onestamente soddisfare. Questa è la verità; e dovreste compiacervene. »

« E me ne compiaccio. Ma allora non si doveva chiedere la ragazza. O era per stare vicino alla matrigna? »

« E può darsi! » disse Stefano con esasperazione.

E gli parve di denudarsi, davanti al padre, ma per fargli dispetto.

Zio Predu invece continuò piú quieto le sue domande.

« Come va che quell'idiota si è accorto del tuo pensiero? »

« Io non lo so. È un ozioso e gli oziosi han tempo anche di osservare i pensieri altrui. »

Il padre tacque. Pensava. Poi d'un tratto disse, parlando come fra sé:

« Pare una cosa da niente ed è una matassa imbrogliata da districare. »

E volse il viso, cosí vicino che Stefano sentí l'odore della barba ancora grassa e umida di vino; poi parlò sottovoce, ma ogni sua parola dava a Stefano come un colpo di bastone sulle spalle:

« Non c'è che un rimedio; parlare chiaro alla ragazza e rompere il matrimonio. »

Stefano s'era drizzato sulla schiena. Vedeva Annarosa come fosse lí, viva e partecipante al colloquio. E chiuse gli occhi per sfuggirla. Tutto egli poteva fare; fuorché umiliarsi o diminuirsi davanti ad Annarosa. Le stesse parole piú severe del padre gli cadevano ai piedi come foglie morte, al pensiero di una sola delle parole che Annarosa poteva dirgli.

Tutto, tutto, fuorché umiliarsi o diminuirsi davanti a lei.

« Io non rompo niente, babbo! Né io né alcuno di noi ha diritto di offendere Annarosa, e tanto meno d'imporle niente. È lei che deve decidere, se crede. È abbastanza intelligente per aver capito anche lei; anzi ha capito più degli altri; e non ha mutato aspetto, perché mi conosce, perché ha fede in me; ed io non tradirò mai la sua fede. No; io non sfiorerò mai quest'argomento, se lei stessa non me ne parlerà. Lei vale più di tutti noi e bisogna rispettarla anche con le parole... Sí, vale più di tutti noi, » ripeté con forza.

« E tanto più allora bisogna salvarla! Si tratta di coscienza, malanno! »

« Che cos'è la coscienza, per voi, in questo caso? La paura di far soffrire l'altra donna? Ma se questa non ha mai sperato ed è anzi contenta che le cose siano come sono? Se invece soffrirebbe del contrario? O che è altro per voi, adesso, lo scrupolo di coscienza? La paura del male in avvenire? Ma se è appunto questo che vogliamo sfidare? Si va alla guerra contro il nemico, con la certezza di vincere. Io e Annarosa possiamo aver commesso errore promettendoci senza amore; ma di questo errore possiamo fare la prova della nostra vita. Eppoi, » aggiunse, turbandosi, « l'amore può venire, forse è già venuto. Non è l'amore solo dei sensi, che esiste: e specialmente nel matrimonio è l'altro amore che esiste, quello delle anime. Se Annarosa ed io vogliamo unirci cosí, a voi che importa? Che diritto avete voi di dubitare delle nostre azioni future? Perché volete adesso che io rompa la promessa? No, no, io non voglio, e neppure lei lo vorrà. »

« Ciarle, ciarle! Io non intendo tutte queste cose. Io e tua madre abbiamo sempre amato le cose chiare! e lei aveva quasi l'istinto del pericolo che tu correvi, se si opponeva, lei sola, al progetto di questo matrimonio. Capiva, lei, che la ragazza ti avrebbe sposato solo per interesse. E cosí sarà, Stefene! Cosí sarà, se tu non darai retta a me. »

« Ah, babbo! Voi mi ferite. Io non voglio nulla da voi. Posso vivere del mio lavoro. Fate voi della vostra roba quello che piú vi piace. »

« Io non devo vivere cento anni! »

« Io spero che voi camperete piú di me. E siete forte ancora e potete farvi un'altra famiglia. Tenetevi tutto; ma lasciatemi vivere a modo mio. Se mi volevate in tutto somigliante a voi dovevate lasciarmi com'ero nato, come voi. Ma anche cosí come sono, né voi né altri può trovare da ridire sulla mia buona fede, sulla mia volontà di essere in regola con me stesso. Nessuno. »

« Eppure un idiota ubriaco ha potuto, questa sera, ridire qualche cosa. »

Stefano si sentí di nuovo arrossire, nell'ombra fresca che gli velava il viso. Sollevò il pugno come volesse minacciare qualcuno, poi lo lasciò cadere inerte sul ginocchio.

« Tutti abbiamo da ridire, sulle azioni altrui, babbo: è facile fare la parte dell'ubriaco. Però noi giudichiamo sempre gli altri attraverso la nostra capacità di male, non attraverso quella di bene. Se si dovesse dire tutto quello che pensiamo! »

« Parla, parla pure. Siamo come in tribunale. Di' pure tutto il tuo pensiero. Non ti ho detto io il mio? Tu credi dunque che io giudichi adesso attraverso la mia malizia? Ti giudico attraverso l'esperienza della vita e del bene che io ti voglio. Che sta a fare un padre accanto al figlio se non ad insegnargli il bene? Non sono sempre stato un buon padre, io? Che hai da rimproverarmi? Non ti ho mandato a studiaro, invece di mandarti all'ovile, perché tu imparassi meglio a vivere? »

« Era meglio condurmi all'ovile, se volevate che restassi pastore nell'anima. Questo è il guaio; mi avete mandato a studiare e pretendevate che restassi come voi. »

Zio Predu diede un lieve ànsito: lieve ma cosí pieno di angoscia e d'ira che il cane, vigile nel suo assopimento, ebbe una scossa come sentisse il gemito d'un ferito. Anche Stefano si turbò: sentí che feriva il padre oltre le sue intenzioni, e abbassò la voce, si fece umile e paziente.

« Non dico che non abbiate ragione voi. Siete piú forte, piú sano di me, voi; non c'è nulla al mondo che io rispetti piú di voi: e anche vi invidio, babbo; la vostra via è stata dritta, e voi ne vedrete il termine e sapete l'ora in cui il sole tramonta. Se io vi ho sempre obbedito, non è appunto perché vi rispettavo e vi rispetto? »

« E allora obbediscimi ancora. Tu parli da avvocato e puoi rigirare in mille modi le tue parole e rivolgerle tutte a tuo favore. Io ti parlo da pastore; io ti dico ancora una volta che davanti alla coscienza le ciarle non valgono. Interroga bene la tua coscienza, Stefene; e lascia parlare a lei; non parlar tu con le tue ragioni. Io non amo le vie tortuose, e ti dico che il matrimonio che tu vuoi fare non l'approvo piú perché è già macchiato, e del peccato piú grave davanti a Dio. Pensaci bene tre giorni e tre notti e vedrai che ho ragione io. Tutto il resto, vecchi o giovani che siano, avvocati o pastori, padri o figli, non importa niente. »

« Importa a me, » ribatté Stefano, senza mutare tono, ma fermo, incrollabile nella sua stessa umiltà, « e non ho bisogno di tre giorni e neppure di tre ore per interrogare la mia coscienza. Essa è davanti alla vostra, ma non si possono intendere le nostre coscienze, perché troppo diverse e lontane. »

Il padre si alzò, duro e pesante. Fece un passo, poi tornò a sedersi.

« Ascoltami, Stefene, delle cose che tu mi dici io ne capisco ben poco. Sono ignorante. Ma una cosa ti dico, che non bisogna scherzare con la tentazione. La tentazione è come il gatto col topo: giocherà e magari fingerà di abbandonarti, ma ti abbandonerà per poco, poi ti aggranfierà piú forte. Lascia dunque che la districhi io questa matassa. Troppo mi hai rimproverato d'esserne la prima causa io. La responsabilità dunque è mia. »

« È mia, » disse Stefano, tendendo la mano come per riafferrare una cosa che gli venisse tolta. « È inutile insistere, babbo: io vi rispetto, ma rispetto anche me stesso. »

« Pensaci bene, Stefene! Pensa anche alla tua libertà. Una volta perduta non si riacquista piú. E un giorno mi rinfaccerai anche questo. E dunque se ho sbagliato nel fare di te un figlio obbediente e rispettoso, quest'altro errore, adesso, di lasciarti legare per la vita a una donna che tu dici che ti hanno imposto, quest'altro errore non lo voglio commettere. »

Stefano balzò in piedi; parve volesse andarsene, ma poi cominciò a camminare intorno al cortile, con passo cadenzato, come una sentinella in uno spalto.

No, suo padre non capiva, non poteva capire. E

col pretesto di fargli del bene gli usava violenza. Sempre cosí era stato. Da bambino Stefano non aveva voglia di studiare. Ricordava di avere fino a dieci anni indossato il costume, e si rivedeva in quello stesso cortile, sotto quelle tettoie, a giocare col cane, ad arrampicarsi sui cavalli, e farsi costrurre dai servi dei piccoli carri paesani: il suo sogno era di andare col padre all'ovile, di perdersi nella libertà della *tanca*, di fare la vita del pastore. Lo avevano costretto a studiare, per vanità, per fare di lui un borghese, un laureato. Lo avevano spogliato del costume, e mandato in una grande città. Aveva provato tutte le noie e la tristezza delle piccole camere d'affitto, lo spostamento del paesano buttato fra le astuzie e le raffinatezze della città. Ricordava quegli anni come anni di esilio. Aveva conosciuto i luoghi del vizio mascherato di piacere. La sua natura indolente e sensuale lo portava, sí, al piacere, ma la sua anima primitiva si smarriva nei sogni; sognava sempre, anche urtando contro la piú brutale realtà. Però il suo istinto paesano lo salvava sempre dalle cadute troppo pericolose: la diffidenza e anche un po' d'avarizia spirituale lo aiutavano. Poi...

Poi era tornato a casa, con la sua laurea. Ma la nostalgia non gli passava. Ed egli sentiva bene che era la nostalgia per luoghi e cose che non avrebbe ritrovato mai piú; per la vita che non gli avevano permesso di vivere. Sognava, a volte, di tornarsene nella città, di mischiarsi alla vita marina dei grandi centri: aveva mezzi, poteva, volendolo, farsi anche eleggere deputato, salire al potere. Ma, in fondo, sapeva che neppure questo avrebbe risolto il problema della sua felicità. Ed era scontento; si sentiva solo, goffo, gli pareva di essere brutto e guardato dalle donne solo per interesse.

D'un tratto tornò a sedersi presso il padre.

« Sí, » disse con voce sommessa ma ferma, « me l'avete imposto. Tante altre cose mi avete imposto! Persino mia madre, non pesino sull'anima sua le mie parole, non ha voluto lasciarmi senza impormi di sposare Annarosa. Non l'ha chiamata al suo capezzale per consegnarle le chiavi? E forse ella si accorgeva di quanto passava in me, in quei giorni; forse, nella sua intenzione, era la volontà di liberarmi della matrigna col farmi sposare la figliastra: e se cosí è stato, come voglio credere, la benedico; ma infine anche lei si è valsa fino all'ultimo della sua potenza su di me. Adesso che tutto è concluso perché volete guastare ogni cosa? Perché vi prende questo tardivo scrupolo delle mie intenzioni? In fondo è forse la vanità di apparire scrupoloso di fronte agli altri, che vi prende. »

« Stefene! » gridò il padre con voce rauca, alzando il bastone. E Stefano si strinse un po' istintivamente verso il muro, ma riprese, senza mutare accento:

« Voglio anche dissipare i vostri scrupoli; e vi ripeto che Annarosa mi piace e che io piaccio a lei. Lasciate che ci sbrighiamo fra noi: non mettetevi in mezzo. Volevate darmela quando non la volevo io, e adesso che la voglio io vi opponete. »

Zio Predu aveva abbassato il bastone ma punzecchiava con rabbia il cane; finché l'animale si sollevò impazientito, e abbaiando e facendo qualche giro intorno a sé stesso andò ad accovacciarsi piú lontano. Poi di nuovo fu silenzio: anche i buoi sotto la tettoia avevano cessato di ruminare, e la facciata della casa, le stelle sul comignolo e i tegoli che si sporgevano dai tetti, ogni cosa pareva spiare aspettando la fine del colloquio.

« Sí, la voglio, » ripeté Stefano, come riaffermando la cosa a sé stesso. « E se lei non vorrà essere la prima a parlarmi dello stupido incidente di questa sera, io non sarò il primo a parlargliene. »

Allora il padre si alzò, grande, grave, e gli si mise davanti: ed egli ricordò istintivamente certi suoi terrori infantili quando per esempio il maestro mandava a dire a casa di non averlo veduto a scuola, e il padre gli si ergeva davanti minaccioso come una nuvola che sorge d'improvviso all'orizzonte; e lo travolgeva, lo atterrava con la tempesta delle sue percosse.

« E io ti dico che fai male, Stefene! Pare che tu abbia paura di te. Ebbene, io ti ripeto per l'ultima volta che devi parlare chiaro ad Annarosa. Se sei sicuro di te e di lei, come fai intendere, tanto meglio. E se lei ti vuole lo stesso, ti prenda pure. Buona fortuna! Ma se non le parli tu, le parlo io: questo te lo assicuro, in fede mia. Fa quello che credi, adesso. »

Si allontanò di un passo: aspettava ancora la risposta.

Stefano aveva abbassato la testa e chiuso gli occhi: sentiva riecheggiarsi dentro, come gridi in una caverna, le parole: "Pare che tu abbi paura di te", e nel suo turbamento confuso non sapeva se ascoltarle con rabbia o con umiltà.

Quando sollevò la testa e riaprí gli occhi, fermo nella sua intenzione di non rispondere piú, vide che il padre si allontanava verso la casa: ma l'ombra di lui gli rimaneva davanti, ed egli aveva quasi paura ad alzarsi ed a continuare con essa una lotta nella quale nessuno dei due avrebbe vinto mai.

IX

Anche Annarosa cercava di risolvere il problema. Eccola di nuovo seduta sul suo letticciuolo basso, come la notte della lettera di Gioele. Fino all'ultimo momento ha recitato anche lei coraggiosamente la sua parte: adesso è lí, piegata sul suo spavento, mille volte piú turbata di Stefano perché sola a combattere contro il mostro del sospetto.

Tuttavia le pareva di essere tranquilla, di aver solo un po' di disordine nelle idee. Sentiva giú il rumore delle stoviglie che la servetta rimetteva a posto; le sembrò di sentire il passo di Agostino su per le scale e poi di sopra, nella stanzaccia dove dormiva lo zio; e una sommessa e breve discussione fra i due uomini; poi di nuovo il passo del fratello che scendeva le scale. Aspettò che Agostino entrasse anche da lei e le parlasse: di che cosa non sapeva precisamente, e non cercava di saperlo: ma il passo andò giú, e lei tornò a chinare il viso che aveva sollevato per ascoltare.

Si tolse dal collo la catenina d'oro e strinse nel pugno il piccolo orologio, dono di Stefano; ma non le riusciva di schiacciarlo, anzi lo sentiva palpitare piú che mai vivo dentro il suo pugno. Qualche cosa s'era spezzata in lei; ma la vita continuava egualmente la sua corsa.

Allora buttò l'orologio per terra, spingendolo col piede sotto il lettuccio perché la serva che veniva su per coricarsi non lo vedesse.

Benché stanca ed assonnata Mikedda le si avvicinò con curiosità pietosa e parve aspettare un ordine, poi ad un cenno impaziente di lei si ritrasse in punta di piedi e chiuse l'uscio ancora prima di spogliarsi.

Tutti i rumori della casa cessarono; i lumi si spensero: tutto era tornato a posto, e anche Annarosa cercò di riordinare le sue idee, di metterle a posto, in fila di combattimento contro il suo dolore.

Aveva l'impressione fisica di essere ancora seduta fra Stefano e zio Predu; e questi, con la sua mano scura sulla tovaglia bianca, raccontava la storia della gente castigata per gli errori commessi. Lei approvava lievemente con la testa: sí, tutto si sconta. Ma cne aveva da scontare lei se non di aver voluto il bene della famiglia? Però, mentre si dava questa ragione, la figura di Gioele le ripassava davanti come in quel crepuscolo di Pasqua, e le ritornavano in mente le parole dell'ultima lettera di lui.

Allora cominciò a ricordare tutte le circostanze che avevano preceduto e seguito la domanda di Stefano. Ricordava che la matrigna era stata sempre contenta del progetto. Questo era nato cosí, piú dal desiderio ambizioso della famiglia che dalla realtà delle cose. Ogni volta che avveniva qualche matrimonio fra giovani di buona famiglia, Agostino tornava a casa facendo il calcolo della rendita dello sposo, e diceva, guardando Annarosa:

"Stefano Mura è piú ricco."

La malattia di zia Paskedda aveva spinto il sogno verso la realtà. Bisognava muoversi, andare nella casa dei Mura come alla conquista d'una fortezza. Il cómpito era toccato alla matrigna.

"E allora è accaduto cosí. Lei voleva conquistare Stefano per me e lo ha conquistato per lei. Zio Juanniccu era lí che guardava come guardano i ragazzi: non si bada a loro, e loro osservano tutto. Ma, infine, che cosa è accaduto? E perché poi Stefano e lei, anche, hanno permesso che le cose andassero cosí? Dio, Dio, Signore, aiutatemi."

Ombre ed ombre le passavano davanti, con sprazzi di luce che tosto si spegnevano, con un aggrovigliarsi vertiginoso di dubbi, di immagini, di forme misteriose; come nuvole in un cielo tempestoso. Ricordava la matrigna che tornava alla sera dalla casa dei Mura, e aveva sul viso una tristezza e uno splendore di tramonto. E il contegno di Stefano, e l'attrazione e la ripulsione istintive che egli esercitava su lei.

"Perché hanno fatto cosí, perché?" tornava a domandarsi: e la risposta le saliva dall'anima sincera. "Hanno fatto cosí come facevo io; non mi univo anch'io a lui con un altro nel cuore? Mi tradivano perché tradivo anch'io."

Poi la speranza d'ingannarsi la riprese. Vedeva la figura pallida e cascante dello zio ubriaco, quegli occhi non piú umani d'anima annegata, quelle spalle incurvate dal peso di una vita che tende al basso. Era la parte marcia della famiglia, zio Juanniccu, il verme nel frutto della casa; perché proprio lui doveva rodere tutto? Aveva parlato da ubriaco; nulla era vero delle sue parole. Ma in fondo ella sentiva bene che tutto era vero; le parole di lui le erano cadute nell'anima come pietre nell'acqua; l'ombra del dubbio poteva coprirle, ma non le smoveva.

« Non c'è che da rompere tutto, » disse a voce alta. Poi si coricò vestita e si coprí fin sulla testa come per nascondersi, per seppellirsi sotto la sua decisione.

E la notte passò, come passano tutte le notti. Una striscia di luce che pareva un cero rischiarò la finestra; i rumori della casa ricominciarono; il passo di zio Juanniccu scivolò per le scale, il cavallo di Agostino scalpitò sul selciato fresco del cortile.

Annarosa mise fuori della coperta il viso guardando di qua e di là con gli occhi gonfi, come sorpresa che la luce esistesse ancora. Esisteva ancora, e tutto era al solito, tutto era fermo intorno. Solo, di sotto al letto veniva come il rosicchiare affrettato di un tarlo: ella si alzò e vide che il piccolo orologio, buttato là sotto, camminava ancora.

Lo riprese, ma non lo rimise al collo: e scese giú dalla nonna.

La nonna era già al suo posto, e intorno a lei la giornata ricominciava, al solito. Tutti però avevano un'aria scura come dopo una notte di disordine, e tutti tacevano, cercando di evitarsi, ma spiando l'uno ciò che faceva l'altro.

Zio Juanniccu era già uscito; Agostino si preparava da sé le provviste per la giornata, chinando molto la testa nell'annodare il tovagliolo col pane prima di metterlo nella bisaccia. Era pensieroso, aggrottava le ciglia e guardò minaccioso la servetta senza rispondere a qualche cosa ch'ella gli diceva; salutò appena la nònna, poi montò sul cavallo che fremeva tutto come dentro un bagno, in quell'aria profumata del mattino di maggio, e partí premendogli insolitamente lo sprone sul fianco.

Annarosa andava e veniva, e s'accorgeva che la matrigna non abbandonava un momento solo la stanza ov'era la nonna. D'altronde ella non voleva parlare ancora con la nonna; anche perché l'aspetto di lei e il suo silenzio ostinato le destavano piú che mai un senso di paura.

E andava e veniva, ma non trovava pace.

Nella cucina era rimasto l'odore del pesce arrostito e dello zucchero bruciato; la cenere fumava ancora di grasso. Quell'odore e quel fumo la soffocavano. Sentiva voglia di battere la serva che di tanto in tanto la guardava coi suoi occhi di cagnolino buono.

Andò nell'orto e si buttò sull'erba, al sole, col desiderio di morire; ma in fondo aveva la speranza che qualcuno venisse a salvarla.

Vide la matrigna apparire sull'alto del vialetto, avanzarsi lenta e nera nel sole. Sentí che la donna la cercava, che vigilava su lei. Forse veniva a salvarla. Adesso le si avvicinava, adesso si chinava su lei per dirle che tutto era stato un cattivo sogno. "Stefano è tutto tuo, Annarosa; sollevati. Tu puoi averlo ingannato perché ti costringevano a ingannarlo; perché sei una debole fanciulla: ma egli è uomo e non ti ha ingannato; sollevati."

Ma la matrigna passava oltre. Si chinò fra l'erba a cogliere qualche cosa, tornò a sollevarsi, forte, con la corona delle sue trecce lucenti al sole: poi si allontanò col suo passo calmo, col suo viso chiuso.

Allora Annarosa nascose il viso fra l'erba e pianse. Si sentiva sola, abbandonata, tradita da tutti, anche da sé stessa. E il tripudio d'amore delle cose intorno accresceva questo suo senso di solitudine.

Famiglie numerose d'insetti e api e mosconi passavano e ripassavano sopra di lei con un mormorío che pareva uscire dagli steli dell'avena come dalle canne di un piccolo organo. Passavano e ripassavano centinaia di farfalle bianche, con gli occhi sulle ali, o colorate come avessero attraversato il fuoco, o fossero salite sino al sole, prendendone lo splendore; e si univano a coppie sulle cime del fieno, piú lievi del piú lieve fiore. Le formiche le salivano sull'orlo della veste e le zanzare le pungevano le gambe attraverso le calze sottili. E giú dalla valle le arrivava il canto del cuculo che la compiangeva e la irrideva.

Qualche cosa di duro le cadde sul braccio. Si sollevò stizzita e vide ch'era una coppia di cavallette di cui una balzò subito piú in là, l'altra le rimase stordita sulla veste. Ella la prese e le aprí la scorza verdiccia, col desiderio crudele di spezzarla: sotto le vide il merletto iridato delle ali chiuse, la filigrana di corallo rosa delle zampe; e le parve che gli occhi fermi dell'animaletto s'ingrandissero spauriti per il rapido passaggio dall'amore al dolore.

Allora la buttò lontano e si rimise giú. A poco a poco la dolcezza delle cose esterne vinceva la sua pena. Le sembrava di essere ancora una bambina quando, stanca di aver pianto per qualche castigo subíto, si buttava sull'erba e strappava le ali alle farfalle, masticando gli acri riccioli della vite, o tentando di aprire con la bocca senza spiccarla dalla pianta la buccia vellutata d'una fava.

Ancora come in quel tempo il vento lieve le portava le voci lontane della valle, e il gemito del suo cuore si confondeva col ronzío degli insetti e col mormorare delle foglie; e un velo di sonno, chiaro e molle come quello che le madri stendono sulla culla dei loro bambini, coprí il suo dolore.

Stefano quel giorno arrivò un poco prima del solito. Aveva dei giornali che leggeva camminando, che continuò a leggere anche nell'attraversare il cortile; e andò dritto dalla nonna per annunziarle che oramai la guerra era una cosa sicura.

La nonna lo guardò senza rispondere, con diffidenza, come non prestasse fede alle sue parole. Ma Annarosa gli prese il giornale di mano e lesse a voce alta i titoli e le notizie piú gravi. Un tremito cominciò ad agitarla comunicandosi al foglio; e Stefano capiva che quel turbamento era provocato da un'angoscia interna, piú che dal rombo di turbine che veniva di lontano a scuotere la pace morta di quell'angolo di mondo: eppure anche lui vibrava come se nell'esile voce di lei sentisse per la prima volta l'intensità dell'ora travolgente.

La nonna ripeté il suo grido.

« E Agostino? E Agostino? »

« Agostino andrà, » disse Stefano con calma crudele.

Annarosa continuava a leggere, rapidamente, cercando qua e là le notizie piú allarmanti. Il volto le si fece a tratti pallido, a tratti rosso, come illuminato da un riflesso cangiante: gli occhi a volte, come contro sua volontà, si sollevavano smarriti a guardare Stefano, con una luce di paura e d'implorazione.

« E tu? » domandò finalmente.

Egli ripiegava un giornale, senza rispondere. D'un tratto s'avvide che Annarosa guardava rapidamente nell'angolo ove stava silenziosa e impassibile la matrigna, e provò un senso di vertigine.

« La mia classe verrà richiamata piú tardi, » rispose. « Son vecchio, » aggiunse, chinandosi sulla nonna e tentando di scherzare. « Tocca prima ai giovani a coprirsi di gloria. »

Annarosa vide la nonna agitare la canna come per scacciarlo lontano: ed ebbe per un momento il terrore e la speranza che ella gridasse chiedendogli di dissipare l'ombra sparsa intorno dalle parole di Juanniccu; ma subito la vide ripiegarsi su di sé e ricadere nella strana indifferenza che la teneva dal mattino.

« Andiamo fuori, andiamo nell'orto, Stefano, » pregò allora, avviandosi.

Era già nello stretto vialetto in pendío, quando Stefano uscí sulla porticina dell'orto. E nel seguirla, a qualche distanza, e nel guardarla, in quella luce viva del tramonto che le penetrava ogni piega della veste e faceva trasparire attraverso la stoffa le forme esili del suo corpo, egli sentí che era giunta l'ora di trovarsi assieme, l'uno di fronte all'altra, piú vicini e piú nudi che se si fossero già sposati.

E quelle forme esili, quella nuca pallida sotto i capelli disfatti, gli destarono un senso quasi violento di pietà e di desiderio. Desiderio nato dalla pietà ma soprattutto dall'accorgersi ch'ella gli sfuggiva.

E lei aveva davvero l'impressione di fuggire.

Le roselline lungo il vialetto si sfogliavano spaventate al battere rapido della sua veste. Arrivata all'estrema punta dell'orto, si sporse sul muricciuolo come per tentare di saltarlo e andare avanti; poi si ritrasse.

Tutta la valle, inondata dal pulviscolo del tramonto, con lo sfondo luminoso di vapori turchini, col roteare dei carri e i mormorii vaghi della sera, le dava piú che mai l'idea del mare.

Si volse e aspettò Stefano che scendeva l'ultima rampata del vialetto: la figura di lui, staccata sullo sfondo verde dell'orto, le parve di nuovo lontana, estranea come nei giorni in cui ella aspettava la domanda di matrimonio con la speranza che non venisse; ma appena se lo vide vicino, dominante, col suo petto largo, con le sue mani calde, con la bocca ansiosa e gli occhi che penetravano nei suoi, sentí

164

che s'egli l'avesse presa fra le braccia dicendo: "Nulla è vero di quello che pensi," avrebbe creduto senz'altro.

Stefano però non la toccava e neppure parlava. Allora gli occhi le si riempirono di lagrime; il viso irradiato dal tramonto le si coprí d'un velo di perle; ma subito tornò a volgersi verso la valle, appoggiò i gomiti al muro, e scosse la testa fra le mani per scacciar via le lagrime.

Anche Stefano si appoggiò al muro, accanto a lei, silenzioso.

Le povere lavandaie che risalivano lo stradone coi loro cestini di panni sul capo sollevavano con invidia gli occhi; poiché sullo sfondo d'oro del tramonto, affacciati sulla valle tutta verde come una sola foglia, i due fidanzati sembravano loro la coppia amorosa per la quale Dio ha creato apposta le dolci sere di maggio.

« Stefano, » disse Annarosa, asciugandosi le ultime lagrime di qua e di là della tempia, col dorso delle mani, « devo dirti una cosa. Ascoltami. Bisogna che ci lasciamo: voglio ridarti la tua libertà. »

Egli pareva non capire.

« Non ti voglio piú ingannare, Stefano. Io ho sempre nel pensiero un altro. »

« Chi è quest'altro? » egli domandò senza agitarsi, senz'alzare la voce.

« Lo sai. Ma non credere che io voglia rompere con te per riannodare con lui. Non è possibile. Anzi voglio dimenticarlo. Ma non voglio ingannarti piú. Io non ti posso sposare. »

« Adesso, me lo dici? »

« Prima non avevo il coraggio. Adesso sí... adesso... Non dirmi che è tardi. Tu sai, tu sai tutto! »

Le ultime parole furono come un grido. Stefano si scosse, si sollevò quasi atterrito.

« Annarosa, che vuol dire, che io so tutto? »

Ella taceva, col viso nascosto fra le mani.

« Non rispondi? Io so, solamente, che tu esageri e mi nascondi il tuo vero pensiero. E io non voglio forzarti a dirmelo. Per conto mio ti dico che la colpa è mia se ti ho domandata in moglie prima di conoscerci meglio. Tu avresti avuto più fiducia in me e mi avresti accettato egualmente, pure avendo l'altro nel cuore, come tu affermi. E l'avresti dimenticato, come lo dimenticherai, e mi avresti voluto bene come forse me ne vuoi già, come te ne voglio io... Perché io ti voglio bene, » riprese tornando a piegarsele più accanto, calmato dal silenzio di lei. « Questo lo devi sentire, Annarosa: sono qui, l'anima mia è tua. Ma noi ci siamo trovati l'uno di fronte all'altro, diffidenti e indifferenti perché non ci conoscevamo ed erano gli altri a spingerci contro la nostra volontà. Questo è l'errore, questo il malinteso. Tu mi guardavi quasi come un nemico e ti rifugiavi nell'altro: per questo non potevi dimenticarlo. E io stavo lontano da te perché ti sentivo ostile e lontana da me. Ma adesso è un'altra cosa: adesso, possiamo guardarci e parlarci. Mi pare sia la prima volta che io ti parli. Guardami, ma guardami dunque! Se io ti ho fatto del male, sono pronto a riparare, adesso, ad aiutarti. Se vuoi, io posso partire: posso anche morire: ma non voglio la libertà che tu mi offri. Che importa? Che io parta o no, tu devi aver fede in me, devi credere che se io volevo essere tuo marito, volevo esserlo onestamente. Che t'importa del passato? »

« Tu sei buono, » ella disse sempre più turbata, portata su e giù da un'ansia che le toglieva il respiro.

Ogni parola di lui la sollevava e nello stesso tempo la ricacciava nel sospetto. Egli dunque capiva il segreto pensiero di lei, poiché parlava in quel modo, e si difendeva, e difendendosi si accusava.

« No, non sono buono, » egli ribatté. « Non lo dire piú; non farmi dispetto. Sono come gli altri uomini, né piú buono né piú cattivo. Solo, permettimi di spiegarmi meglio; io ho fede in te; tu non mi hai ingannato mai, neppure per un momento; accettandomi, sapevi quello che facevi: volevi essere mia moglie, e una moglie fedele e onesta. E neppure io ti ho ingannata. Volevo essere tuo marito, e un marito fedele e onesto. Questa è la verità, Annarosa, e null'altro. Ed io credo in te, adesso, mille volte piú di prima, e se tu vuoi, io sono qui pronto a cancellare quanto è passato fra noi in questi pochi momenti, e riprendere la via assieme senza parlare mai piú di questo. »

« Da ieri notte, » egli riprese con voce sorda dopo un momento di esitazione, « un'ombra si è messa fra me e te, e ci separa; perché non dobbiamo vincerla quest'ombra? Perché non dobbiamo aver fede in noi? Perché gli altri non credono in noi, dobbiamo noi stessi vederci con gli occhi degli altri? Il nemico è dentro di noi; vinciamolo, Annarosa. La vita è fatta di questi momenti: se noi c'incontriamo adesso, in quest'istante, se riusciamo a prenderci adesso, non ci lasceremo piú mai, Annarosa... »

La voce gli tremava; e lei sentí un brivido sfiorarla: e qualche cosa di piú del desiderio d'amore parve spingerli l'una verso l'altro: eppure non potevano toccarsi. La loro carne stessa li separava.

Egli riprese: ma la voce era già di nuovo calma: « Non c'è nulla, proprio nulla, che metta una macchia nel nostro passato: null'altro che l'ombra d'una nuvola fuggente. E cosí pure l'avvenire è davanti a noi come una pagina bianca: perché dubitare che possiamo scriverci cose ignobili? Eppoi, che ragione d'essere ha la vita se qualche cosa di forte non la solleva? Annarosa, dimmi almeno che mi comprendi; guardami, dimmi che mi credi, che mi vuoi ancora. »

Ma adesso era lei che taceva; la stessa sincerità di lui e quel tono di disperazione calma con cui egli parlava aumentavano in lei la certezza d'essere stata ingannata.

« Non posso, » mormorò, ritraendosi. « Capisco, ma non posso. Non sono sicura di me. »

« Non è vero! Tu non dici quel che pensi. È di me che non sei sicura. »

E poiché lei non protestava, egli si sentí preso da una cupa umiliazione.

« Sai cos'è, Annarosa? È che tu ti metti dalla parte dei vecchi. Stai con loro nell'ombra del passato e parli come loro. Hai paura della vita. A che ti serve la giovinezza e l'intelligenza? A che servono giovinezza e intelligenza, se non a renderci forti e sicuri della nostra volontà? »

Ed ella ricordò la lettera di Gioele che le diceva le stesse cose.

« Dov'è la verità? » domandò come parlando a sé stessa. « Fra i vecchi o fra i giovani? »

« Oh, non discutiamo adesso di questo, » egli disse con amarezza. « La verità è dentro di noi, ed è inutile cercarla fra i vecchi o fra i giovani, se dentro di noi non la ritroviamo. E non è questo che ti manca. È la fede che ti manca, Annarosa: è inutile discutere oltre; non c'è fede. »

Ed ella sentí ch'era cosí: non aveva fede. Si piegò

di nuovo sul muricciuolo e guardò lontano senza rispondere. Egli diventò ostile.

« Io andrò via, dunque; non c'è altro da fare. Prima esigo però che tu mi dica chiaro il tuo pensiero. Alzati, guardami. »

La prese per i polsi, la sollevò, ebbe desiderio di stroncarla, lí, ai suoi piedi come un ramo fragile. Il pastore s'agitava in lui.

« Parla! Hai paura di parlare? »

« Paura? Sono venuta qui apposta! »

« E allora parla. Tu hai creduto alle parole di tuo zio! »

« Sí, ho creduto alle sue parole. »

« E tu credi che io, dacché vengo in casa tua, possa avere una sola volta mancato di rispetto a me stesso guardando in casa tua un'altra donna? »

Annarosa non rispondeva, ma pareva abbandonarsi con piacere alla violenza di lui.

« Parla! Voglio che tu parli. »

« Non so, » ella disse finalmente. « So che io sono stata capace d'ingannarti. La sera di Pasqua quando tu mi avevi già dato il pegno della nostra promessa e le ore nostre correvano assieme, io sono uscita sulla porta ed ho veduto l'altro. Ed ho anche pensato di fuggire con lui: ma ho avuto paura di far male alla nonna. Adesso... adesso... non so che una cosa: che non posso, non voglio piú sposarti. »

Allora egli la lasciò. Si volse verso il muricciuolo e cominciò a scavarne i sassolini ed a buttarli giú nella polvere dello stradone dove affondavano come nell'acqua: e dopo i sassi piccoli prese a smuovere i grossi; ne fece rotolare uno, poi un altro; pareva volesse buttar giú tutto il muro; finché Annarosa gli fermò una mano con la sua, ed egli gliela ributtò lontano, ma si sollevò con un sospiro.

Tornarono ad affacciarsi tutti e due sul muro, silenziosi, come due viaggiatori sul ponte d'un piroscafo. Il salire dell'ombra dalla valle dava invero l'impressione dell'onda che cammina. Aveva già varcato la linea dello stradone e saliva sulla zona della montagna ancora illuminata dal sole; si arrampicava sulle roccie, riempiva tutte le rughe delle chine pietrose; in breve solo le cime, sopra la fascia dei boschi violacei, emersero come isole dorate, sul cielo glauco come un orizzonte marino. Anche l'orto s'era tutto coperto d'un velo verdognolo; e il silenzio era cosí intenso che pareva di udire anche il volo delle farfalle. In un villaggio lontano, disegnato appena fra la nebbia azzurra dei monti, brillò qualche vetro: poi si sentí qualche suono di campana; e parve davvero di approdare ad una riva solitaria.

Stefano si sollevò, calmato dalla sua ira, ma col viso solcato come da una profonda sofferenza fisica.

« Vado, » disse guardando su verso la casa già scura sul cielo lucido. « Devo parlare io con la tua nonna? »

Annarosa s'era voltata anche lei, ma stava appoggiata al muro senza intenzione di muoversi: e guardava Stefano con gli occhi tristi, severi, che rassomigliavano a quelli della nonna.

« Parlerò io con la nonna. »

« Che cosa le dirai? »

« La verità. »

Aspettò ch'egli protestasse ancora, che egli la riprendesse fra le sue mani forti, fosse pure per spezzarla, come una cosa sua.

Egli invece si scostò d'un passo con la testa china.

« Vado, » disse: la sua voce era calma, monotona, come durante la sua prima visita. « Ti domando perdono del male che ti ho fatto. E se hai bisogno di me, quando ti sarai calmata e avrai pensato meglio, ebbene, ricordati che non sono stato io a voler tutto questo. Se hai bisogno di me, » ripeté, riavvicinandosi, « non hai che a richiamarmi. »

Ella scuoteva la testa senza piú parlare. No, no, non avrebbe piú bisogno di richiamarlo.

« Dammi almeno la mano, Annarosa. »

Ella gliela diede, ma dentro il pugno aveva qualche cosa che lasciò sulla mano di lui.

Era il piccolo orologio d'oro: Stefano lo guardò sulla sua mano aperta che tremava un poco sul polso come una foglia sul suo gambo; poi se ne andò senza voltarsi.

X

Poi anche lei risalí, piano piano, e andò a mettersi al solito posto accanto alla nonna. Vedeva di là in cucina Mikedda che rifriggeva per la cena gli avanzi del banchetto della sera avanti, e fra i pilastri del portichetto la matrigna che ormai rassicurata aveva lasciato la stanza e andava e veniva nel cortile: ed esitava a parlare, ma sentiva che bisognava farlo, subito. La sua esitazione le dava un senso d'angoscia. Le pareva di affogare, nell'ora che passava, nell'ombra che si addensava: nuotava, ma perdeva forza, e ogni attimo di silenzio l'allontanava dalla riva.

"Se non parlo subito non posso piú dirle tutta la verità," pensava, "e lei non potrebbe piú capirmi e compatirmi."

La nonna stava ferma e silenziosa nella penombra, con accanto la canna che pareva un cero spento: doveva però indovinare la pena di Annarosa e aspettare ch'ella parlasse, perché d'un tratto s'impazientí e cominciò a passare l'indice della mano sana sulle vene della mano inerte, come seguendo cosí un suo pensiero. Si volse, vide che anche Mikedda era uscita nel cortile.

« È andato via presto, oggi, Stefano, » disse allora con la voce grossa dei cattivi momenti; « bisticciati vi siete? Aveva un brutto viso. E tu non l'accompagnavi. »

« Bisticciati ci siamo, sí. La colpa è stata mia; anche lui però è nervoso. Bisognava bisticciarsi pure, una volta o l'altra. Nonna... »

Si fermò. Sentiva il suono falso della sua voce e le pareva di aggrapparsi alle sue parole come a dei frantumi nuotanti che le sfuggivano di mano. Il pianto la soffocava, piú amaro dell'acqua del mare; ma non voleva andare a fondo, no; si scosse tutta, come facendo davvero un ultimo sforzo per salvarsi, e non guardò piú in là. Che importa se ascoltano? Il suo segreto ormai appartiene a tutti.

« Nonna, la promessa di matrimonio è rotta. »

La nonna aspettava queste parole; eppure afferrò con un improvviso movimento d'ira la canna e la batté sulla pietra del camino: cosí zio Predu aveva battuto il suo bastone. Annarosa però respirava già di sollievo.

« Nonna, non vi arrabbiate, » disse fermandole il polso, e chinandosi a parlare sottovoce. « È cosí. Sono io che l'ho mandato via. Sono io che non voglio piú sposarlo. »

E le fermò piú forte il polso perché la sentiva tremare tutta e vedeva la sua bocca torcersi e gli occhi spalancarsi nel viso convulso. La nonna però la respinse e cominciò a gridare:

«Sono io che devo decidere, non tu, no! E quella faccia dura di Stefano deve parlare con me, prima di ascoltarti. E se ne è andato cosí, senza dirmi niente! Ha creduto di scivolare lungo il muro? E anche il padre, il vecchio tronco, deve parlare con me. Sono qua... Sono qua io. »

La sua voce risuonava rauca, forte: una voce che Annarosa non le aveva mai sentito e che la spaventava. E il suo spavento crebbe per i movimenti convulsi che la nonna faceva tentando di alzarsi.

«Nonna, che fate? Nonna mia! »

Si protese su lei, la cinse con le braccia, per tenerla ferma, le abbandonò il viso sul grembo e scoppiò in un pianto soffocato, fitto di gemiti repressi: gemiti che la nonna si sentí penetrare nelle viscere e che parvero calmarla piú che ogni altra spiegazione di Annarosa.

«Taci, » mormorò infatti, come se già fra loro esistesse un'intesa segreta; «non farti sentire qui. Aggiusterò tutto io. »

Annarosa pianse piú forte, affondandole il viso sul grembo e scuotendo la testa per accennare di no, di no. No, la nonna non poteva capire, non poteva aggiustare nulla: eppure le pareva di aver salvato qualche cosa poiché la nonna non la respingeva, anzi le prometteva la sua protezione; e credette di sentire la voce stessa del suo cuore nella voce ancora grossa che le diceva:

«Stefano tornerà. E tu, anima mia, se tu piangi è perché gli vuoi bene. Lo hai respinto per superbia e per gelosia; ma s'egli ti fa piangere non lo dimenticherai piú. Alzati, adesso. »

Ella si sollevò e vide la matrigna che parlava nel cortile con una strana figura di vecchio che aveva una gamba sola e l'altra sostituita da un bastone ferrato intorno al quale ondulava il gambale di una larga braca di tela mentre l'altro gambale era ripiegato entro la ghetta di orbace: inoltre teneva un sacco di erba sulle spalle e pareva anche gobbo: e parlava forte come fanno i sordi.

« Vengo dal mio chiusetto della valle e vi porto un'ambasciata di Agostineddu vostro. Oh, donne, non aspettatelo stasera, perché dorme laggiú. E anche Juanniccu è laggiú; non aspettate neppure lui. Ebbene, datemi almeno da bere. »

Senza essere invitato entrò portandosi fin dentro la stanza il sacco che odorava di fieno e di menta.

Nina lo seguiva, d'un tratto impallidita.

Anche la nonna, mentre il vecchio ripeteva la sua ambasciata, volgeva il viso scuro per l'angoscia recente; e la nuova pena s'aggiunse alla prima come una nuvola all'altra.

« Che dici? Li hai veduti? »

Il vecchio non sentiva: si guardava intorno e biasimava l'oscurità della stanza.

« Eppure olive ne avete raccolte piú di me, l'inverno passato: e che forse l'olio vi è colato dagli orci? O volete risparmiare quello del lascito a Santa Croce? E almeno dammi da bere, » aggiunse, rivolto alla serva, « il vino almeno costa meno dell'olio. Se non l'ha bevuto tutto Juanniccu. »

« Li hai veduti? » ripeteva la nonna con ansia crescente.

« Zio Saba, li avete veduti i miei padroni? » gli

174

urlò Mikedda all'orecchio. «Come li avete veduti?»

«Perché gridi cosí? Sei sorda? Li ho veduti, sí, piú che non veda voi in questo buio. Lavoravano, tagliavano i rami secchi degli olivi. Sí, donna Agostina. Oh, adesso vedo anche vossignoria, Dio la guardi; ebbene, come sta? Che fa, lí seduta? Se sto su io, con un piede e due bastoni, tanto piú deve stare su lei, con due piedi e un bastone. Ebbene, dunque, torna la guerra: se Dio mi aiuta ci torno anch'io, coi miei settantott'anni nella bisaccia. Una gamba l'ho perduta in Crimea; l'altra la voglio perdere sulle Alpi. Salute!»

La sua voce ancora forte risuonava nella stanza, fra il silenzio angoscioso delle donne. Al chiarore del lume che Mikedda aveva acceso, la sua figura deforme con la gamba ferrata come una zampa di cavallo, la barba di fauno intorno al viso aquilino tutto raggrinzito come un'oliva secca, gettava sulla parete un'ombra fantastica piú animalesca che umana.

«Tu li hai veduti,» ripeté per la terza volta la nonna, come non avesse sentito la risposta.

Egli sollevò il bicchiere:

«Alla salute di tutti. Cosí Dio mi aiuti, torno alla guerra. Torno, torno! Che cosa è questo tornare, del resto? La guerra c'è sempre stata e ci sarà sempre. Io ci sono dentro da settantotto anni, donna Agostina. Dunque, beviamo.»

Bevette ma non restituí il bicchiere finché Mikedda non gliel o riempí.

«Non importa che Agostineddu mi abbia qualche volta mancato di rispetto,» disse allora con voce intenerita. «Siamo vicini, quindi come parenti. Anche fra parenti ci si bastona; so io quello che voglio dire. Bene gli voglio, io, ad Agostineddu, come fosse mio nipote stesso, Gioele mio. »

« Oh, » disse poi, restituendo il bicchiere; « ragazzo di talento è, Gioele; non da meno di nessuno. Anche lui mi maltratta, a volte, perché i giovani trovano sempre da ridire dei vecchi, ma mi vuole bene, anche! Il giorno di Pasqua lo ha passato con me, all'oliveto. »

Annarosa trasalí: dunque non aveva sognato. Le parve, anzi, che il vecchio la guardasse, come l'aveva guardata il padre di Gioele nell'annunziare l'arrivo del figlio; ma subito cercò di nascondere il suo turbamento e accennò a Mikedda di far andar via zio Saba.

« È pazzo, » disse Mikedda facendo delle smorfie; tuttavia lo accompagnò curiosa, domandandogli notizie della guerra. « Che ne dite voi, il mio Taneddu sarà richiamato? »

Si udiva nella strada la sua voce alta e il rumore della gamba ferrata che batteva il selciato: dentro, le tre donne parvero aspettare a chi di loro prima parlava; poi la nuora fece un movimento istintivo come per allontanarsi, per fuggire, ma la nonna la fermò, chiamandola per nome, con la voce ch'era di nuovo quella dei momenti di comando.

« Caterina! »

Eppure aveva un'impressione di smarrimento, la nonna, come se una fitta nebbia la circondasse, e in quella tenebra molle e paurosa i membri della sua famiglia si sperdessero, si smarrissero nel pericolo, lasciandola sola.

Bisognava richiamarli, come il pastore richiama il gregge sbandato nella nebbia.

« Nina, tu non sai niente cosa sia andato a fare Juanniccu laggiú? »

La donna stava dritta accanto alla tavola, ferma, già di nuovo apparentemente calma.

« Non so niente. Non l'ho piú veduto da questa mattina presto. »

« E tu, Annarosa? »

« Io non l'ho neppure veduto. »

« Egli non va mai laggiú; qualche cosa dev'essere accaduto. »

« Che cosa volete sia accaduto? Agostino lo avrebbe mandato a dire: avete sentito, lavoravano nell'oliveto. »

« Juanniccu non è buono, a lavorare. »

« Forse ci sarà del bestiame che pascola, e Agostino l'avrà pregato di aiutarlo a stare in agguato, stanotte. »

« Juanniccu non è buono a stare in agguato, lui! No, qualche cosa di nuovo c'è. »

Tacquero. Ma tutte e tre pensavano la stessa cosa. Pensavano che Agostino doveva aver costretto lo zio a scendere al podere per chiedergli spiegazione delle sue parole, e lo teneva laggiú per impedirgli di parlare oltre. Troppo tardi, pensava la nonna. E Annarosa, non ostante la sua pena e la sua umiliazione, sentiva un sorriso ironico fiorirle sulle labbra ancora amare di pianto.

L'altra stava immobile in mezzo alla stanza.

« Ascoltatemi, » riprese la nonna, con la voce rauca che tremolava, « mala giornata è stata oggi, per noi. La tentazione è entrata in casa nostra e ci succhia il sangue come il vampiro. Ebbene, rimedio bisogna porre; e subito. »

Annarosa tentò di calmarla nuovamente.

« Ma state quieta, nonna! Che volete sia accaduto? È come dice la mamma; vedrete. »

« Non è questo soltanto, anima mia; laggiú sono due uomini e si aggiusteranno fra loro, anche se vogliono farsi del male. Ma la radice del male è qui, in casa. Nina, nuora mia, sai che tua figlia ha rotto il matrimonio? »

La nuora non rispose subito; pareva sapesse già anche lei, e non si sorprendesse e non disapprovasse. Annarosa si sentí offesa da questo silenzio, attanagliata da un morso di gelosia.

Pensò che Stefano, nell'andarsene, avesse scambiato qualche parola con la matrigna, per avvertirla dell'accaduto. Poi sentí un'angoscia atroce del suo sospetto; si piegò come punta da un dolore fisico acuto. Che male era il suo, oramai! Subito però si rialzò, come lo stelo dell'erba al vento, piú ferma nella sua decisione di guarire del suo male sradicandolo.

D'altronde la matrigna parlava calma, d'una calma accorata.

« Perché hai fatto questo, Annarosa? »

« Perché dovevo farlo. »

« Cosí, senz'avvertire? »

« Se avvertivo era lo stesso. »

« Tu, almeno, vorrai dire perché lo hai fatto. »

La sua voce tremava, adesso, ma era umile; domandava e non imponeva.

« Ebbene, » disse Annarosa, sollevando il viso a guardarla, « ho fatto cosí perché la coscienza mi ordinava di farlo. Io non gli voglio bene, » aggiunse reclinando il viso, vinta dall'atteggiamento fermo della matrigna.

« Sciocchezze, Annarosa. È un capriccio che ti passerà. »

E la nonna sospirò, sollevata; sospirò cosí forte che Annarosa balzò, col cuore gonfio di ribellione, portata ancora via dal soffio del suo orgoglio.

« Un capriccio! Sí, tutto è capriccio, in questa casa, tutto, anche le cose piú serie. Anche la verità. E sia pure un capriccio. Io non voglio sposare Stefano. »

« Dovevi pensarci prima. »

« Come potevo pensarci, se non me lo permettevate? Era una cosa decisa, anche senza il mio consenso. Contavo, io? Ero come una sciocca, d'altronde: credevo di poterlo davvero sposare, cosí, per interesse, per obbedienza alla famiglia. Adesso, no, adesso no; non voglio piú. »

Allora la nonna impose alla nuora:

« Ma diglielo tu, Nina, che cessi subito di parlare cosí. »

« Annarosa, tu ci penserai: tu non vorrai la rovina tua. »

« Appunto perché non voglio la mia rovina. Oh, cessate; è inutile tormentarmi. Io ho pensato e ripensato: cosí pensassero tutti ai loro atti, prima di compierli! »

« Era dunque meglio che tu pensassi bene ai tuoi prima di accettare. Adesso è tardi; tu rimarrai compromessa, tutti diranno che egli ti ha lasciata. Che vergogna non sarà questa? Tu vuoi rovinare la famiglia, Annarosa. Perché fai questo? »

« La famiglia! » gridò lei; poi abbassò la voce e ripeté a sé stessa, con lieve disprezzo: « La famiglia, oh! ».

La nonna impugnò la sua canna. Aveva voglia di battere Annarosa, di urlare contro la nuora che parlava fredda e forse nell'oscurità della sua coscienza era contenta del disastro.

« La famiglia, sí. Tutto, si fa, per la famiglia. I figli sono obbligati alla madre e al padre, e questi ai figli: e i fratelli ai fratelli. Senza di questo non si vive: è come l'albero, col tronco che sostiene i rami, ed è nulla senza di essi: e una foglia fa ombra all'altra. Lo dice anche la Bibbia. »

« Oh, per carità, lasciate la Bibbia in pace, nonna: la vita è altra cosa! »

Ma la nonna non le permise di proseguire: la sua voce ridiventò rauca, la sua persona tentò ancora di sollevarsi.

« Annarosa! Taci! Sei fuori della legge di Dio. Vattene, che io non ti veda piú. Vattene, dunque, e va e corri per le strade del mondo, poiché la famiglia non esiste piú per te. »

« E tu, nuora, » gridò con voce convulsa, dopo aver respirato con ansia; e le parole le si ingarbugliavano in bocca: « pensa ai casi tuoi... tu... pensa a scacciare il peccato di casa nostra, perché già il Signore ci maledice... ».

La donna si accostò, lentamente, spandendo davanti a sé la sua ombra tremante: pose la sua mano sulla spalla della vecchia e si chinò.

« Calmatevi, » disse con un filo di sdegno nella voce. « Annarosa non darà dispiacere alla famiglia: domani tutto si aggiusterà. Stefano tornerà. »

« Stefano non tornerà, mamma. »

« Egli tornerà, » ripeteva la matrigna rivolta alla nonna, come facendole una promessa.

« Mamma! Egli non tornerà; non deve tornare. Mamma, non deve tornare! »

Era un grido disperato, che domandava aiuto. E

la matrigna lo sentí serpeggiare nel suo sangue, e tremò tutta come la sua ombra. Poi si sollevò, con la mano ancora sulla spalla della nonna, appoggiandosi a lei: ma non parlò piú.

Rientravano Gavino e la serva, parlando fra di loro del vecchio reduce; lo avevano accompagnato fino alla sua casupola, e il ragazzo ne rifaceva i gesti e il modo di camminare, mentre Mikedda ricordava ancora una volta come spesso giú al podere Agostino trovava, là dove mancavano le olive, l'impronta di un piede solo e d'un bastone...

« La vita è sempre guerra, padrona mia! »

La nonna non badava a loro. Era ricaduta nella sua immobilità pensierosa: era troppo immobile, però, troppo pensierosa; e la nuora e la nipote la guardavano con inquietudine. Quando si trattò di condurla a letto, entrambe le si avvicinarono quasi furtive, come paurose di un nuovo scatto di lei o con la speranza di poterla prendere e portare a letto senza che ella se ne accorgesse.

« Nonna, » mormorò Annarosa, chinandosi a raccogliere la canna caduta sulla cenere, « è già tardi. »

La nonna sollevò gli occhi e le guardò, prima l'una e poi l'altra, con uno sguardo nuovo in lei, fisso eppure vago, come stentasse a riconoscerle: poi abbassò la testa e ricominciò a passarsi l'indice della mano sana sulle vene della mano inerte.

Tentarono di sollevarla. Invano. Pareva una statua di bronzo. Tentarono, con piú forza. Allora ella diede un grido che le fece irrigidire.

« Non mi toccate! » impose.

« Nonna! » supplicò Annarosa, accostandole il viso al viso.

Ma la nonna si volgeva in là, con un moto di repulsione.

« Vattene, non mi toccare, tu. Sei fuori della legge di Dio e non hai piú parenti, tu. Dubiti della tua stessa madre, tu. »

« Sí, questo è lo scettro che mi date, » aggiunse, respingendo la canna che la nuora tentava di rimetterle in mano. « Come a Cristo: per burlarvi di me. Vattene via anche tu. Eri un'orfana e ti ho accolta come la vipera nel nido, per morderci tutti. »

La donna si sollevò, coprendosi gli occhi con una mano; con l'altra fece cenno ad Annarosa di andarsene, di tacere.

Ma neppure il loro silenzio placava la nonna; e qualche cosa di minaccioso e di oscuro come il brontolare lontano del tuono era nelle sue parole sommesse e cupe.

« A letto, mi volete condurre? E in due, anche, volete sollevarmi, come la brocca colma. Notte di vegliare, è questa, non di dormire. Il fuoco cova intorno, ma non mi coglierà nel sonno: dormite voi, voi che dormite anche se la stoppia del vostro letto brucia. Io aspetto mio figlio; idiota è ma non traditore. Vivo o morto l'aspetto. »

"È impazzita," pensò Annarosa, e lei stessa si sentí presa da un senso di delirio. Corse fuori nel cortile e ne fece il giro come cercando un varco dove fuggire. Le parole della nonna la perseguitavano. "Sei fuori della legge di Dio e dubiti della tua stessa madre." Infine s'appoggiò al pozzo e ricordò le sere innocenti quando Gioele suonava la chitarra ai suoi piedi e le stelle accompagnavano col loro fiorire di luce il puro germogliare del suo primo amore.

Ed ella aveva riso, del suo amore, lo aveva ucciso

come da bambina uccideva le farfalle del suo orto. Dio la castigava per questo. L'apparizione stessa del nonno di Gioele le sembrava fatale.

Le tornavano in mente anche le parole di zio Predu. Tutto si sconta, anche i delitti contro noi stessi.

Che fare, adesso? Dove fuggire?

Ormai Gioele era un fantasma: la realtà era Stefano, ma una realtà fatta delle cose piú tristi della vita; il sospetto dell'inganno, la gelosia, la vergogna.

« Non voglio, non voglio! » gemette; e cominciò a scostare l'asse che copriva il pozzo. Il luccichío nero dell'acqua in fondo le parve il riflesso dei suoi occhi disperati.

Ma subito sentí alle sue spalle come un rapido sbattere d'ali, e due mani convulse afferrarla.

« Annarosa, » chiamò la matrigna; e le si abbandonò sulle spalle, come per fermarla meglio col peso del suo corpo; « dimmelo tu che cosa devo fare perché tutto cessi. Dimmelo, dunque, dimmelo tu! »

Annarosa cominciò a tremarle tutta fra le mani, come un uccellino spaurito; ma che cosa doveva dire?

« Vuoi che vada via di casa? Andrò lontano, che tu non senta piú neppure il mio nome. Abbandonerò mio figlio. Tutto; ma che la pace torni in casa nostra. »

« Annarosa, » riprese Nina dopo un momento di silenzio, parlandole all'orecchio, « dubiti di me perché sei stata capace tu, di tradimento. La sera di Pasqua sei uscita sulla porta, per vedere l'altro, mentre avevi appena accettato il dono di fidanzata. Io ti ho veduta, Annarosa; e avrei potuto sollevare gli occhi e guardare senza rimorso, in quel momento, l'uomo che ingannavi. E invece ho pensato che io ero al posto di tua madre, Annarosa; e sono uscita nella strada, appena tu sei rientrata, e ho raggiunto Gioele. »

Annarosa sollevò la testa e s'irrigidí tutta: la matrigna la sentí come assottigliarsi e allungarsi fra le sue mani.

« Raggiunto l'ho, e gli ho parlato come ad un figlio, come parlo a te adesso. "Gioele," gli dissi, "vattene; Annarosa è seduta presso l'uomo del quale ha accettato la fede. Tu sei un ragazzo ancora, ma hai la coscienza d'un uomo; Annarosa non può essere tua." Ed egli mi promise di andarsene, di non cercarti piú. Annarosa, s'io volevo tradirti con l'altro, potevo fare cosí? »

« Voi mi avevate già tradita, » disse Annarosa.

Allora la matrigna le appoggiò la fronte sulla spalla e pianse. Quell'abbandono, quei singhiozzi quasi virili, scossero Annarosa fino alle radici dell'anima.

« Lasciatemi, mamma: sono tranquilla, » mormorò e rimise l'asse sopra il pozzo.

La matrigna tornò presso la nonna, e aspettò. Che cosa aspettava? non lo sapeva: solo sapeva che non c'era da far altro che aspettare. Passerà la notte, tornerà l'alba, e poi altri giorni e altre notti ancora; la vita riporterà le sue calme e le sue tempeste come il mare le sue; ma nulla ci sarà piú per lei, tranne che di stare ferma al suo posto e aspettare: cosí forte e piena di vita restar ferma nel suo cantuccio come una bimba in castigo.

Eppure la sorreggeva l'orgoglio di trovarsi lei sola, quella notte, accanto alla nonna, come un suddito fedele accanto al suo re detronizzato. Forse anche gli altri tornerebbero ma dopo aver disertato il loro posto; lei sola era lí, ferma alla catena del suo dovere.

XI

Agostino tornò presto, la mattina dopo. Il chiarore arancione del sole che sorgeva sui monti penetrava, attraverso le finestre sull'orto, fino alla stanza da pranzo; ma pareva una luce triste di ceri che illuminasse un cadavere, tanto la nonna era disfatta e pallida, con gli occhi cavernosi. Rivolta un poco a guardare nel cortile, con la speranza che anche Juanniccu rientrasse, vedeva Agostino legare il cavallo all'anello del portichetto, senza togliergli la sella, e la bestia che allungava la sua faccia biancastra come a guardare dentro la casa, scuotendo la coda battuta dal riflesso del sole.

S'indovinava l'intenzione di Agostino, di ripartire subito; ed ella lo guardava con occhi ostili, come un nemico. Tutti oramai le erano nemici; la nuora, la nipote, il figlio, questo che entrava adesso alto e rigido con le dita dure delle mani che pareva si muovessero solo per fare dei calcoli.

« Nonna, ebbene, che c'è? » egli disse, chinandosele davanti, con le mani sulle ginocchia. « Mamma, qui, mi dice che non siete neppure andata a letto, questa notte. Perché, oh, nonna! »

Pareva volesse prendere la cosa alla leggera, ma il suo viso era serio, gli occhi scuri.

« Agostino, dov'è Juanniccu? »

« Ma laggiú: non ve l'ho mandato a dire ieri sera? »

Ella scuoteva la testa, fissandolo in viso.

« Agostino, cos'hai fatto a tuo zio? »

Egli si sollevò; le sue mani ricaddero rigide lungo i fianchi, con le dita un poco aperte.

« Del bene gli ho fatto. L'ho consigliato a venire laggiú con me, per aiutarmi, se non altro, a sorvegliare il podere. Ebbene, ieri sera non l'ho voluto dire, per non guastare la festa, ma mi hanno ammazzato il cane, laggiú, ed ho paura che vogliano farmi qualche altro dispetto. Devono essere i contadini a cui ho fatto pagare il pascolo abusivo; se pure non è lo stesso maledetto zio Saba, quel diavolo ad una gamba, sebbene si finga buon vicino. Ebbene, dissi a zio Juanniccu: "E venite almeno a far da cane laggiú". Credevo non mi desse ascolto; ma ieri mattina me lo ritrovo nello stradone, avviato a piedi laggiú; aveva smaltito la sbornia di avant'ieri e pare voglia mettere giudizio. Mi ha aiutato a ripulire gli olivi, a tagliare i rami morti; anzi ne abbiamo fatto una catasta che Taneddu verrà poi a portar su col carro. Adesso tornerò laggiú, gli porterò del vino e sarà contento come un papa. Desidero anche del chinino perché ho paura delle febbri. Voi ne dovete avere, mamma. »

La matrigna andò subito nella camera attigua a cercare il chinino. La nonna guardava Agostino con gli occhi cavernosi.

« Agostino, cos'hai fatto a tuo zio? »

« Nulla, nonna; vi dico com'è stato. »

« Tu non mi dici la verità: tu gli hai fatto del male. »

Agostino parve turbarsi, piú che per le parole, per lo sguardo di lei. Tentò volgere altrove gli occhi, disse con forza:

« Perché dovevo fargli del male? »

« Da avant'ieri sera il demonio è penetrato in questa casa e ci travolge tutti: dimmi cos'hai fatto a tuo zio: altrimenti manderò subito giú qualcuno a vedere. »

« Mandate pure! Lo troveranno che aspetta il chinino. »

« Altra medicina occorre per guarire il male nostro! Agostino, tua sorella ha rotto il matrimonio. »

Egli balzò in mezzo alla stanza come spinto da un colpo violento: si batté le mani sulle anche e diede un ànsito di rabbia.

E la matrigna rientrò, stravolta da un dolore quasi fisico: vide Agostino piegarsi, lasciandosi cadere affranto sulla sedia accanto alla tavola, al posto ov'egli usava mettersi e fare i suoi calcoli silenziosi; gli andò vicina, ma egli tese istintivamente il braccio, col pugno chiuso, per respingerla. Allora un'umiliazione mortale le salí dalle viscere, la fece andare qua e là cieca per la stanza nel chiarore dorato e nel polviscolo del sole come un insetto scacciato. Non sentiva quello che dicevano, la nonna e il nipote, ma sapeva ciò che pensavano, esser lei la causa del disastro: e si vergognava di Agostino, sentiva ch'egli la giudicava crudamente, senza pietà, con un giudizio brutale di maschio che la denudava tutta e frustava la sua carne colpevole solo di essere ancora viva: poi riprese il suo posto, sforzandosi ad essere calma.

La nonna raccontava come Annarosa diceva di aver mandato via Stefano.

« E lui è andato via cosí senza dir nulla? È uno scherzo certamente. Oggi tornerà, crediamo. »

« Crediamo, » disse la nonna senza convinzione. « Annarosa però è ferma nella sua idea. »

« Con lei m'intenderò io! » egli gridò battendo il pugno sulla tavola. E roteava gli occhi intorno, d'un tratto divenuto feroce. « M'intenderò io con lei. E con gli altri anche. »

Il suo pugno batté piú forte; poi la mano si distese e le dita si mossero istintivamente. Ah, i calcoli andavano male, le combinazioni sfumavano: ma egli non si perdeva d'animo; bisognava vigilare, come la notte al podere minacciato dai nemici.

« Matrigna, » disse, frenando la sua collera e prendendo un tono solenne di capo di famiglia, « e voi che dite? Avete parlato con Annarosa? »

« Ho parlato. Capriccio è, il suo, che passerà. »

Ella non si volgeva, non alzava la testa. Ma la voce era ferma. E Agostino sospirò, sollevato, ricominciando a veder chiaro intorno.

« Bisogna che Stefano torni oggi stesso. Che la gente neppure si accorga di quanto è passato. Neppure voi avete parlato con Stefano, matrigna? »

« Con lui no. E ti prego di non cercare di parlargli, almeno per oggi. Non guastiamo di piú le cose. Stefano è un uomo di coscienza e farà il dovere suo. »

« Tutti dobbiamo fare il nostro dovere. Dobbiamo fare il dover nostro verso gli altri, a costo di perdere il bene nostro particolare. Dov'è Annarosa? »

« Dorme ancora. Lascia in pace anche lei, adesso. Non irritarla: vedrai che anche lei tornerà in sé. »

Egli si alzò accigliato; col pugno sulla tavola, il viso sollevato e le palpebre abbassate, parlò, piano:

« Matrigna, vi dò ragione e vi obbedisco: vado via per non lasciarmi trasportare dalle parole imprudenti e mi affido a voi. Voi aggiusterete tutto, oggi stesso, prima di sera. Come io al podere raddrizzo le piante e curo la roba nostra, che dia buon frutto, cosí voi dovete badare alla famiglia e raddrizzare le cose che prendono cattiva piega. Mi fido in voi. Bisogna che Stefano torni oggi stesso. »

La sua voce, per quanto egli si frenasse, tradiva la minaccia: e la matrigna intese che era un ordine quello che riceveva. Entro la giornata tutto doveva essere aggiustato come un panno strappato che si lascia alla serva perché lo ricucisca.

Lagrime di umiliazione le bruciarono gli occhi; ma strinse le palpebre per non lasciarle sgorgare, e non si volse, non abbandonò il suo posto.

Di ritorno dalla fontana, ancora con l'anfora colma sul capo, Mikedda cercò con gli occhi la padrona piccola; la vide che si aggirava pallida nella stanza da pranzo rimettendo in ordine qualche cosa, e le toccò cauta la veste come sempre quando aveva da comunicarle un segreto.

Annarosa la guardò con gli occhi tristi, diffidenti; esitò un momento, poi andò nel corridoio, dove l'altra tosto la raggiunse.

« Ascolti, signora Annarosa mia: ho parlato con zio Saba. L'ho raggiunto mentre andavo alla fontana e lui scendeva giú al suo oliveto. Mi ha detto una cosa... una cosa... in segreto. Ma io voglio dirla a lei. Ebbene, sí, ecco, ieri il padroncino Agostino, giú al podere, ha bastonato il padrone Juanniccu. Ma molto lo ha bastonato: da stordirlo. Pare lo avesse costretto a scendere giú con lui per metterlo a lavorare. Il padrone Juanniccu ha tentato di tornarsene via subito: allora il padroncino Agostino lo ha bastonato e lo ha chiuso nella casetta del podere; tanto che gli è venuta la febbre, al padrone Juanniccu. Adesso è chiuso laggiú, e zio Saba ha promesso di andare a vedere e dirmi poi cosa succede; ma mi ha fatto giurare di non dir nulla qui in casa. "La tua piccola padrona superba" mi disse, "mi ha quasi cacciato via ieri sera. Non sa far altro che scacciar tutti come cani, ma siamo tutti cristiani, invece, e io non ho voluto dar dolore alla vecchia col dirle la verità." »

Annarosa rispose sdegnata:

« Ebbene? Se Agostino ha bastonato lo zio, avrà le sue ragioni. Comincia a star zitta, tu, e di' pure a zio Saba che faccia il fatto suo. »

Tornò nella stanza da pranzo e si mise a lavorare, ma la sua inquietudine cresceva; e di tanto in tanto le pareva che gli occhi della nonna, immobile e silenziosa nel suo angolo, si volgessero a lei supplichevoli come quelli d'un prigioniero che prega di venir liberato.

Aspettava, la nonna; non parlava, ma aspettava; e Annarosa sentiva quell'attesa e se ne irritava, eppure aspettava anche lei, ma non sapeva, non voleva sapere che cosa.

L'inquietudine evidente cominciò nel pomeriggio: un pomeriggio caldo, agitato da un forte vento di levante che saliva dalla valle, investiva l'orto torcendone ogni stelo e invadeva la casa con le sue ondate ardenti.

I piccoli vetri delle finestre aperte tremolavano riflettendo il verde tormentato dell'orto: riverberi dorati oscillavano sulle pareti. Dopo la quiete triste del mattino un tremito pareva agitasse la casa; e la nonna d'un tratto si scosse, riafferrò la canna, chiamò Mikedda. Mikedda le si inginocchiò davanti come una schiava. Non aveva ancora trasgredito l'ordine della padrona piccola, Mikedda, di non raccontare ad altri quanto sapeva, ma il segreto l'agitava tutta, e partecipava anche lei al dramma di famiglia, indovinando tutto, aspettando anche lei la soluzione.

« Ascolta, » disse la vecchia padrona, « il tuo impiastro è in paese? »

« Il mio impiastro non è in paese, » rispose lei, dignitosa, nonostante il suo atteggiamento umile: « è andato a guardare il suo frumento. »

« Io volevo mandarlo giú al podere per sapere la verità sullo stato di Juanniccu. Sbornia mortale è, quella che si è presa avant'ieri notte, che lo ha fatto rotolare fin laggiú come una pietra. Ebbene... »

« Ebbene, » disse Mikedda con gli occhi vividi di tenerezza e di curiosità, « se volete vado io a vedere. Faccio come il lampo: vado e vengo. Devo dirlo alle altre padrone? »

« No, va subito; ci penserò io. »

Ella balzò in piedi, tirandosi su le sottane sull'esile vita come per prepararsi meglio alla corsa. La vecchia padrona la guardò intenerita.

« Va. Quando ti sposi vedrai chi è questa vecchia. Va. »

E Mikedda andò; ma era appena uscita dal portone che Annarosa la richiamò dalla porta.

« Mikedda; ho sentito tutto. Tu non andrai laggiú; non bisogna provocare Agostino. »

Mikedda ci pensava, al bastone del piccolo padrone Agostino; ma sentiva il coraggio di affrontarlo.

« Tu non andrai laggiú, » ripeté Annarosa, afferrandola per la manica e tirandola dentro. « Che vai a fare? La verità la sappiamo, io e te la sappiamo; ma non bisogna dirla alla nonna. Hai inteso? Ci penserà lui, Agostino, a portare notizie stasera. »

« Io ho promesso di andare; ho promesso alla mia vecchia padrona, e lei mi aspetta. »

« Ebbene, » disse Annarosa; « sta un po' nascosta; poi le dirai d'essere andata e che zio Juanniccu ha solo un po' di febbre. »

Nascosta? Non c'era che un modo, di nascondersi; nella casa che doveva essere sua e della quale ella aveva già in consegna le chiavi. Cosí rimasero d'intesa con la piccola padrona; e questa la seguí con gli occhi finché non la vide entrare nella casetta del contadino e chiudersi dentro.

XII

E quando ci fu chiusa dentro, Mikedda andò a sedersi sulla pietra accanto alla porta, dove usava passare le sue ore la prima moglie del contadino: là anche lei avrebbe passato le sue ore a rattoppare le vesti dello sposo, ad allattare e fasciare i bambini se il Signore gliene mandava.

All'ombra della casetta, stretto fra i muri ciechi delle case e dei cortili attigui, il cortiletto, che conservava l'odore dei buoi e dello strame, pareva un fondo di cisterna, con lunghe erbe che pendevano dai muri, dove neppure il vento arrivava; ma a lei sembrava piú vasto di una *tanca*. Era suo: lei lo aveva scopato quella mattina stessa e ne conosceva già ogni pietra del selciato: e la casetta, che le si appoggiava silenziosa sulle spalle, era per lei piú bella della casa de' suoi padroni. Ci si stava bene là dentro: eppure le dispiaceva di non essere sfuggita all'attenzione di Annarosa, di non essere riuscita a tenere la parola data alla vecchia padrona.

Si alzò ed entrò in cucina. Pensò che avrebbe potuto farsi il caffè, ma il fuoco era spento e il contadino aveva portato via con sé l'acciarino. E di zolfanelli, dopo la morte della prima moglie, non ce n'erano più. Sebbene tutto fosse in ordine, il silenzio melanconico delle case disabitate regnava intorno. E lei camminava senza far rumore: salì la scaletta di legno, tirandosi in avanti le sottane per non inciampare; mise la testa fuori della botola, vide il letto e, come sempre quando vedeva il letto, si turbò. Era come l'altare della casa; il punto che racchiudeva il mistero dell'avvenire.

Piano piano emerse su, si avanzò cauta, come se ancora la moglie del contadino giacesse lí malata e la spiasse. Apparteneva ancora alla prima moglie quel letto, e cosí pure la cassa ch'ella sfiorò con la mano curvandosi a esaminarne la serratura senza la minima idea di tentare di aprirla. Le piaceva solo esaminarne i fiori, gli uccelli, i pesci, il cuore e la luna incisi sul legno scuro lucidato dal tempo; e vi si accovacciò davanti, sfiorando con un dito i contorni di un pomo nero; poi stette immobile, con le mani sul grembo, e pareva piegata a pregare come davanti a un sarcofago che contenesse i resti dei suoi antenati e di quelli del suo sposo. Infine si alzò e sbadigliò. Cominciava ad annoiarsi. S'arrampicò al finestrino e vide i monti tutti nel sole, coi boschi verdi fra il grigio del granito; e giú l'orto de' suoi padroni battuto dal vento; ma tosto si ritrasse spaurita e si nascose: Gavino, arrampicato su un albero, l'aveva veduta.

E dopo qualche momento il ragazzo batteva alla porta. Non c'era altra via di scampo che aprirgli. Gli aprí, dunque, ed egli, dopo aver visitato ogni angolo della casa, cercando il contadino, propose di aprire la cassa, poiché una volta, vivendo l'antica padrona, là dentro aveva veduto delle mele cotogne.

« Posso andare a prendere delle chiavi in casa. »

Mikedda sedette sulla cassa per difenderla, sebbene fosse chiusa e le chiavi le avesse il contadino. Allora Gavino minacciò di andare a riferire alla nonna ch'ella era lí e non al podere.

« Ah, non mi uccidere! È una cosa grave. Hai piuttosto un fiammifero? Accenderemo il fuoco e faremo il caffè. »

Il ragazzo aveva il fiammifero e Mikedda, mentre preparava il caffè, cominciò a far progetti per l'avvenire.

« Io e mio marito non saremo ricchi, ma andremo sempre d'accordo. Io dico che non mi bastonerà, perché io starò sempre in casa e farò il mio dovere. Ma non staccare e riattaccare cosí gli oggetti, Gavino; siedi qui e prendi il caffè. Sí, io dico che non mi bastonerà. Le vicine di casa non faranno storie con me. Se tu però vorrai venire, a visitarmi, quando sarai studente e tornerai nelle vacanze, io sarò contenta di darti il caffè. Ma bada che io non ti chiamerò dottor Gavino; ti chiamerò ancora Gavino e ti darò del tu. Anche tu farai all'amore, se non vorrai farti prete! Non guardare però la serva, altrimenti quella si monta la testa e poi quando si accorge che i padroni devono stare coi padroni e i servi coi servi ne prova dispiacere. Mio marito tornerà il sabato sera e troverà sempre la sua roba da cambiarsi; e la domenica mattina andremo assieme alla messa; e poi se ci sarà qualche festa in campagna, ci andremo ancora, sul carro. Porteremo anche i bambini. »

« Quanti figli avrai? Sette? »

« Sette od otto, fa lo stesso: basta che siano buoni e laboriosi come il padre. »

« Sí; ma dove li metterai a dormire? »

« Dove li metterò a dormire? A letto finché sono piccoli, o se saranno femmine; i maschi, quando diventeranno grandi, dormiranno sulla stuoia perché saranno contadini e pastori e non dottori come te. Del resto, se le annate saranno buone, venderemo il frumento o lo presteremo e ce lo faremo restituire doppio, e fabbricheremo un'altra camera per i figli. »

« Qualcuno, poi, morrà. »

« Dio non voglia! Se li faccio li voglio tener vivi, che mi aiutino nella vecchiaia. Prenderanno buone mogli, benestanti: povere io non le voglio le mie nuore. Né povere, né brutte, né gelose. »

« Tu non avresti un biscotto, da mettere nel caffè, adesso? »

« Come vuoi che ci siano biscotti in casa di un vedovo? »

« Dentro la cassa, forse, c'è qualche cosa. Andiamo a vedere? »

« No, ti dico, la cassa non si deve aprire. Sta lí, non muoverti. Ah, che sento? Mi pare il passo di lui. »

« Ah, ecco perché eri nascosta qui! Perché lo aspettavi. »

« Ti giuro no, ti giuro no! » ella gridò, rimettendo in fretta il vassoio. « Egli torna d'improvviso. Scappa, tu, scappa. »

Corsero al portoncino, e mentre il ragazzo, sebbene non sapesse perché, scivolava lungo il muro e spariva, ella si fece da parte per lasciar passare il contadino, turbata per l'improvviso ritorno e per l'aria preoccupata di lui. Egli entrò senza badare a lei: fece passare nel cortile prima l'uno, poi l'altro de' suoi buoi gravi e neri; li legò ai piuoli del muro e dopo averli spinti uno verso l'altro si lasciò cader seduto, un poco affranto, sulla pietra davanti alla porta della cucina. Mikedda chiuse il portoncino e gli si accovacciò ai piedi per terra col suo atteggiamento da schiava.

« Malato siete? »

Egli teneva le mani rugose come artigli aperte sulle ginocchia; il suo viso dorato dalla barbetta rossiccia era indurito da un pensiero penoso; gli occhi, perduto il solito sguardo vivace, erano vaghi e spenti come quelli di un uccello malato.

« Malato sono, » affermò, « e d'una malattia che fa morire. »

Allora Mikedda balzò in ginocchio mettendogli sopra le mani le sue piccole mani brune. E lo guardava di sotto in su cosí atterrita che egli volse le mani e strinse quelle di lei sorridendo con tutti i suoi denti bianchi: un sorriso che aveva però qualche cosa di ringhioso.

« Ascoltami, ragazza: è venuto da me un tale, oggi, verso mezzogiorno, mentre guardavo il frumento; un tale, fratello di uno col quale ho fatto il soldato. Ebbene, mi disse che questa notte scorsa, a mezzanotte in punto, suo fratello ha ricevuto l'ordine di presentarsi al Comando militare, ed è stato vestito da soldato e mandato lontano per la guerra che deve scoppiare fra giorni. Ebbene, ragazza, sarà la mia volta, forse, questa notte. »

« È questa la malattia? » ella gridò ridendo nervosamente, anche perché le sembrava ch'egli volesse un po' spaventarla per burla. «Io lo sapevo. Zio Saba me lo aveva detto.»

L'uomo la guardò, serio, con le pupille scure; ed ella si lasciò ricadere abbattuta sui calcagni.

«Si può morire in guerra.»

«Si può morire. Ma questo è niente. Morire si deve, una volta o l'altra. Ma il malanno è che io ho da mietere e raccogliere il frumento. E i miei buoi a chi li lascio? Tu sei ancora cosí giovine, ed io non ho nessuno di cui fidarmi. Ti avessi almeno già sposata. Adesso non faccio a tempo neppure a questo. Eppoi, mi disse quel tale, bisogna anche far testamento prima di partire. Tutto a te lascerò, s'intende.»

«Io non voglio nulla. Voglio solo che torniate. O perché vi mandano alla guerra; non ci sono i soldati? Non andateci: ecco tutto. Perché non vi nascondete?»

«Tu sei idiota,» egli gridò respingendola.

E lei rimase curva con gli occhi spauriti, fissi al portoncino chiuso, come se il nemico ignoto col quale il suo uomo doveva combattere fosse già lí, fuori, e tentasse di invadere la piccola casa e portarsi via i buoi, il frumento, e ammazzare il padrone. Ma in fondo le rimaneva la lampada della vita: la speranza.

«Non tutti muoiono in guerra. Vi ricordate zio Saba? È tornato con una gamba di legno, ma è tornato. E svelto ancora! Va ancora a rubare le olive, nel podere della mia padrona, e si riconosce che è lui dalle orme. E voi siete piú svelto di zio Saba: vi salverete. Ne avete passate tante!»

Anche lui era certo di salvarsi: ne aveva passate tante nella sua rude vita di contadino, e si era salvato sempre dai nemici, dai ladri, dai banditi, dalle insolazioni, dalla malaria, dal fulmine e dalla tarantola. Perché non doveva salvarsi in guerra? Aveva anche una medaglia di Sant'Elena che preserva dalle fucilate: basta tenerla sempre dalla parte del cuore. Eppoi aveva il suo coraggio, la sua agilità.

Digrignò i denti.

« Lo voglio masticare come carne di cane il nemico. Mi vuole e mi avrà! »

Si alzò, si accomodò la cintura come dovesse partire nel momento, poi entrò nella cucina e guardò attorno ad ogni oggetto; salí infine la scaletta e fu nella camera di sopra.

E lei lo seguiva, incosciente, silenziosa e flessuosa come un gattino.

Dapprima egli non badò a lei: anche lassú guardava ogni oggetto, come facendone l'inventario; e pensava con rimpianto alla moglie morta. Fosse vissuta ancora lei; egli sarebbe partito piú sicuro della sua roba, con piú leggerezza e coraggio. Di Mikedda si fidava fino a un certo punto; era cosí giovine e ingenua. L'avesse almeno già sposata; una moglie dà sempre attenzione alla roba del marito e della famiglia. Cosí, invece, lei poteva anche mettersi a far l'amore con un altro, tirarselo in casa, sciupare la roba.

La guardò. Ella s'era seduta sulla cassa e pareva ne volesse già fare la guardia, pronta a tutto pur di difendere la roba di lui: ed egli si sentí un po' rassicurato.

Sospirò; trasse la chiave della cassa, la guardò, sospirò ancora: aveva giurato di non consegnarla mai a nessuno se non si sposava una seconda volta. E Mikedda lo sapeva; e arrossí di gioia e di pena quando egli d'improvviso le gettò in grembo la chiave.

In quel momento intese ch'egli doveva partire davvero e forse mai piú tornare; si alzò, dunque, e le parve di salutarlo per l'ultima volta.

« Vi giuro che nulla mancherà di casa vostra: come lasciate troverete. »

Allora egli l'afferrò e cominciò a baciarla, con gli occhi che gli brillavano un po' cattivi, un po' dolci.

« Cosa devi far mancare se tutto è tuo? Che io torni o non torni, tutto è tuo, tortora. »

« È nostro, è nostro... » ripeteva lei a occhi chiusi, ubriacata dai baci di lui. E gli si abbandonava senza resistenza, perché pensava che egli, consegnandole la chiave della cassa della prima moglie, l'aveva già sposata.

Cosí egli la portò sul letto. Dopo ridiscesero nel cortile; sedettero di nuovo, lui sulla pietra, con le mani sulle ginocchia, lei accovacciata per terra.

« Cosí avrai un figlio, » disse lui con accento malizioso. « Cosí se io non torno, la popolazione non diminuisce; e tu baderai alla mia roba per lui. Oh, che fai adesso, donna? »

Mikedda piangeva, d'un tratto fatta donna davvero; ma egli le strappò il grembiale dagli occhi, poi le diede un forte colpo alle spalle; ed ella trasalí e si raddrizzò.

Allora egli le mise una mano sulla testa e cominciò a darle istruzioni precise sul come far mietere e raccogliere il frumento, e a chi consegnare i buoi e come pagare le imposte.

Ella ascoltava con attenzione religiosa, ma in pari tempo tendeva l'orecchio, se già si sentiva di lontano il passo del carabiniere che doveva portare l'ordine del Comando militare e travolgere nel mistero spaventoso della guerra l'uomo che oramai era sangue del suo sangue.

Ma tutto taceva nel lucido tramonto. Anche il vento era cessato e come uno stupore trepido, un silenzio di attesa era nell'aria. La luce azzurra, soffusa del chiarore obliquo del tramonto, pioveva giú dagli alti muri del cortiletto dando ai grandi buoi immobili un riflesso di bronzo. E anche l'uomo taceva; ma aveva già il viso e gli occhi schiariti, e aspettava con calma l'ordine del Comando militare come un ordine stesso del destino.

XIII

D'improvviso fu bussato forte al portoncino. Mikedda guardò con terrore, poi tese la mano tentando istintivamente di fermar l'uomo che s'era subito alzato e andava ad aprire.

Apparve Annarosa, stravolta, con gli occhi spauriti, facendo dei cenni concitati perché la serva si alzasse e la seguisse: Mikedda però si considerava oramai fuori d'ogni servizio: le pareva che un largo spazio di tempo, con molte vicende buone e cattive, fosse trascorso dopo che la padrona piccola l'aveva costretta a nascondersi là dentro: e stentava quindi ad alzarsi, come uno che sta bene al suo posto e non intende d'abbandonarlo.

Ma il contadino le ordinò di andare.

« Muoviti dunque! C'è bisogno di te. »

Era lui il padrone, adesso; ed ella obbedí. Si alzò, appoggiando la mano alla pietra ancora calda di lui, e quando fu in piedi si scosse le vesti e fece alcuni passi lungo il muro guardando Annarosa come non l'aveva mai guardata, con occhi arditi, quasi con superiorità. Quando però furono nella strada, la padrona cominciò a spingerla davanti a sé, verso il portone.

« Presto, presto. La nonna sta male. Gavino le ha detto che tu non sei andata al podere. »

La spinse dentro il portone e lei rientrò per la porta, e arrivò nella stanza da pranzo che già Mikedda, dopo aver attraversato di volo il cortile s'era inginocchiata davanti alla nonna e le accarezzava la mano raccontandole con voce ansante d'essere stata laggiú, di aver veduto il padrone Juanniccu e il padroncino Agostino, e che tutti e due stavano bene, seduti al fresco sotto il noce in riva al torrente.

Ma la padrona aveva uno strano aspetto, con la bocca storta che pareva sorridesse amaramente; e guardava fisso nelle pupille la serva, senza parlare, con uno sguardo che penetrava fino all'anima e vi leggeva la verità.

Allora Mikedda si sollevò; vide Annarosa che andava su e giú smarrita per la stanza e le si mise dietro mormorando:

« Io vado all'oliveto; voglio obbedire alla mia vecchia padrona. »

E prima ancora che Annarosa potesse impedirglielo, era già in fondo alla strada.

Ma Annarosa non pensava a trattenerla, e non sapeva fermarsi neppure lei, portata su e giú dalla sua angosciosa incertezza.

L'ora in cui Stefano usava venire era passata da molto. Egli non tornava; non sarebbe tornato mai piú, s'ella non lo richiamava. E lei sapeva che il male della nonna era questo: camminava, camminava, come per calpestare gli avanzi della sua pietà, del suo amore per la famiglia; per provare a sé stessa ch'era libera di muoversi, di dominare il suo terrore. Ma quando tornava verso il camino e vedeva la nonna piegata su sé stessa, la canna per terra, e la matrigna col viso invecchiato e indurito dal dolore, si sentiva oscillare, urtata dall'impressione di aver tutto rotto davvero, intorno a sé, della sua casa, e di camminare sulle rovine.

D'un tratto fece il giro della stanza e andò ad abbattersi accanto al focolare come l'uccellino che dopo aver tentato il primo giro di volo ricade stordito nel nido.

Dall'altro lato la matrigna tentava invano di far prendere qualche cucchiaino di latte alla nonna: questa non diceva di no, non si muoveva piú, ma lasciava che il latte le colasse giú dalla bocca lungo il mento fino al petto. La nuora l'asciugò col suo grembiale, poi si lasciò anche lei cader seduta sulla pietra del focolare, con la scodella in grembo, sospirando. Era stanca, era vinta anche lei.

E stettero lí, le due donne giovani, stroncate dal loro dolore, ai piedi del vecchio tronco, come due rami divelti.

E quel tramonto che non finiva mai, che scendeva sulla loro casa come una notte polare, col sole basso che non doveva mai sparire e mai risalire sull'orizzonte, e la cui luce rosea, d'un roseo freddo, fermo, desolato, era piú tetra d'ogni tenebra! Venisse la notte, e dopo la notte un altro giorno, e la fine dell'attesa e l'oblío!

Invece si aspetta ancora, pure sapendo che tutto è finito. Lo stesso gattino, immobile sullo spigolo della tavola, fissa i vetri riflettendo negli occhi verdi quel chiarore triste di orizzonte marino. Nessuno arriva. Una solitudine d'isola deserta è intorno alla casa. Solo piú tardi il contadino domandò di vedere la vecchia padrona; e invano tentò anche lui di farla parlare; pareva diventata sorda e muta, con i soli occhi ancor vivi nel viso cadaverico. Egli disse quasi severamente alle due donne:

« Perché non la mettono a letto? »

Allora, aiutate da lui, la sollevarono · e la portarono nella camera: ella non faceva piú resistenza, con le mani penzoloni e i piedi che strascicavano sul pavimento; ma quest'abbandono accresceva il segreto terrore delle donne. La fecero sedere e Annarosa le tolse le scarpe e le calze, le toccò i piedi, bianchi, freddi e pesanti come di marmo. Le sfilarono il corpetto, la sollevarono ancora per far cadere la sottana; e nella sottoveste bianca corta, con la sua trecciolina d'argento intorno alla nuca, apparve piccola e docile come una bambina: ma era tutta pesante, fredda e pesante come di marmo, e le due donne giovani la sentivano gravare su di loro, già morta eppure ancora viva come non lo era mai stata.

Il contadino pregò Annarosa che si degnasse di uscire un momento nel cortile e di ascoltarlo.

« Padroncina, se me lo permette le dico una cosa: perché non manda a chiamare il medico? Se lei non si offende aggiungo un'altra cosa: mi pare che la padrona Agostina stia male. »

« È tranquilla. »

« Troppo tranquilla. Non parla, lei che parlava sempre! Se mi permette le dirò anche: poiché non ci sono gli altri uomini · in casa perché non manda a chiamare il suo fidanzato? »

« Vedrò, » ella disse freddamente; e dopo averlo fatto uscire corse nell'orto. Aveva paura di rientrare

203

in casa, aveva paura di chiamare il dottore: che poteva fare il dottore? E si ostinava a dire a sé stessa che il male della nonna era passeggiero: un po' di riposo e tutto passava. Ricordava la prima volta che la nonna era stata colpita dal male; una mattina d'inverno, anni avanti, stava seduta cosí, anche allora, davanti al fuoco, e dava ordini alla serva: d'improvviso aveva stralunato gli occhi pur continuando a parlare ma con sillabe incerte come fanno gli ubriachi; poi aveva tentato di rialzarsi ed era ricaduta, e per due giorni non si era mossa né aveva piú pronunziato parola.

Anche questa volta accadrà cosí. Ma quel freddo e quella pesantezza dei piedi le davano ancora un'impressione di morte. E sentiva bene che era corsa nell'orto per consigliarsi meglio con sé stessa e con le cose intorno.

E tutte le cose intorno lucevano nel crepuscolo; anche le ombre avevano un riflesso d'argento, e il cielo già di un glauco scuro, ad ovest vibrava ancora di bagliori dorati: gli occhi del giorno s'aprivano ancora nel sogno della sera.

Un'aureola d'argento circondava la casa nera: una stella brillava tra il fumo azzurrognolo del comignolo e pareva una scintilla uscita dal camino.

"È l'anima della nonna che se ne va. Ella non si potrà mai piú sedere accanto al fuoco, non potrà piú prendere la sua canna," pensò Annarosa, e risalí singhiozzando come se la nonna fosse già morta.

Vide la matrigna ferma fra il letto e la parete, cosí immobile che sembrava un'ombra sul muro, con la testa avvolta dal fazzoletto che usava per uscire: l'espressione del suo viso s'era fatta ancor piú dura e severa: rassomigliava stranamente alla nonna, della quale pareva avesse già preso il posto.

"Ella aspetta che le dica di andar a richiamare Stefano," pensò Annarosa.

Sedette accanto al letto e piegò il viso sulla mano che la nonna aveva messo fuori della coperta. Ricordava i giorni quando tornava da confessarsi e baciava quella mano per chiedere perdono dei suoi peccati e promettere una nuova vita d'elevazione: e un senso d'ebbrezza le veniva da quel bacio piú che dalla comunione stessa con Dio.

Anche adesso la baciava per chiedere perdono e promettere una vita nuova: ma non poteva, non poteva dare alla matrigna l'ordine che questa aspettava.

E la nonna non si placava. Respinse il viso di Annarosa e ritirò la mano sotto la coperta.

E il tempo passava e nessuno veniva. Solo Gavino era rientrato e guardava dall'uscio senza osare d'avanzarsi. La madre gli andò incontro, lo prese per mano e lo condusse nelle camere di sopra: poi tornò al suo posto.

D'un tratto la nonna parve rianimarsi: aprí gli occhi e mosse la testa come ascoltando un rumore lontano. Annarosa non s'ingannava piú sulla sensibilità della nonna: qualche cosa doveva succedere. S'alzò, quindi, inquieta, e andò nell'altra stanza. Era già notte: una notte di luna, tiepida, lucida. Attraverso la porta aperta della cucina si vedeva il lastrico umido del cortile risplendere come vi fosse piovuto dell'argento: e nel silenzio si udiva risuonare ancora il martellare del fabbro: colpi caldi, vibranti, che si spegnevano nell'aria lunare come brage buttate nell'acqua.

Annarosa aveva ripreso a vagare inquieta di qua e di là nella stanza, di nuovo riafferrata da un senso d'attesa penosa. Sentiva anche lei che qualcuno veniva: chi? Stefano? Agostino? Mikedda? la vita o la morte?

Dopo qualche momento un altro rumore si confuse con quello del fabbro, s'avvicinò, si fece distinto: era il passo del cavallo di Agostino.

E Annarosa si slanciò nel cortile, spalancò il portone. Sí, è il cavallo di Agostino, con la faccia bianca di luna, che s'avanza rapido dal fondo solitario della strada: ma a cavalcioni sul suo dorso nudo si erge un'esile figurina grigia, con le treccie sciolte, coi piedi scalzi: un'apparizione quale a volte si vede in qualche fantasmagoria di nuvole.

« Mikedda! Che c'è? »

La serva si lasciò scivolar giú sul fianco ansante del cavallo.

Anche il contadino era corso fuori dal suo cortiletto e aspettava ansioso che Mikedda parlasse.

« Nulla c'è! » ella disse con voce accorata. « C'è il fuoco nell'oliveto. Brucia la casa, bruciano gli olivi intorno: anzi la casa è già bruciata. Il padroncino Agostino e altri uomini accorsi tagliano le piante per fare uno spazio libero intorno all'incendio perché questo non si estenda. Corri anche tu, Taneddu mio; cerca altri uomini e corri laggiú per aiutare a spegnere il fuoco. »

« Tu sogni o dici la verità? » esclamò l'uomo, mentre Annarosa s'appoggiava tremando al muro senza poter parlare.

Allora Mikedda si riattorse con ira i capelli, volgendosi verso il contadino.

« Corri, ti dico. Che fai, lí? Si tratta d'aiutare i padroni. »

L'uomo esitò un istante: poi andò verso il cavallo che s'era messo al posto ove lo legava il padrone quando intendeva di ripartire presto, vi montò rapido, e uscito nella strada batté col piede alla porta del fabbro per avvertirlo che anche il suo oliveto era minacciato.

« Datemi una scure, » gridò.

In breve tutta la strada fu in subbuglio. Mikedda però aveva già chiuso il portone, avvicinandosi ad Annarosa che pareva inchiodata lí accanto al muro.

« Ha capito? » le disse abbassando la voce. « La casetta è bruciata, e il fuoco è partito di lí. Gli olivi vecchi del lascito a Santa Croce sono stati i primi a bruciare, e il fuoco va su e giú come quello dell'inferno. Ma non è questo il piú... È che il padrone Juanniccu è tutto ustionato... tutto... tutto... è come un tronco bruciato anche lui. »

Annarosa si cacciò il pugno in bocca per non urlare: le pupille ingrandite pareva volessero sgusciarle dagli occhi, luminose alla luna come due perle nere. Poi d'un tratto tutto il suo viso si contrasse: s'appoggiò piú forte al muro perché le pareva di dover cadere.

« È morto? » domandò.

« No, ma è in pericolo. Prima di arrivar qui, io sono passata dal dottore, che è corso giú subito per medicarlo. La questione è che il padrone Juanniccu era chiuso là dentro. Ha capito? Era chiuso là dentro, » ripeté, toccandole il braccio; e ad Annarosa parve di sentirle addosso l'odore degli olivi bruciati e del corpo abbrustolito dello zio.

Si guardarono, viso contro viso, come due complici dopo il delitto.

« Ho capito, » disse Annarosa; « l'aveva chiuso Agostino. »

« L'aveva chiuso lui, e gli aveva lasciato del vino: e c'era dentro tutta la catasta della legna fatta in questi ultimi giorni, e il frascame. L'incendio è uscito dalla casetta ed ha preso subito gli alberi fuori: c'era un gran vento che lo spingeva. È stato verso le cinque... quando la vecchia padrona si è sentita male... Se mi si lasciava obbedire alla mia padrona forse tutto questo non succedeva. No, perché io correvo a vedere nella casetta e aprivo: perché so dov'è la chiave. »

« Ma Agostino, dov'era? »

« Pare fosse andato a contrattare per un cane, giú in un luogo lontano. Io non so dire bene come sia stato. Ho una grande confusione in mente; mi pare d'essere ancora in mezzo al fumo. Quando sono arrivata allo svolto dello stradone ho cominciato a veder il fumo ed ho avuto come un colpo al cuore; ho indovinato tutto, ma ho continuato a camminare e correre come in sogno, senza vedere altro che quel fumo che m'accecava. Ecco arrivo e dall'alto del cancello vedo come un focolare; la casetta e gli alberi intorno tutti di fuoco, e, sopra, una nuvola nera, che oscurava anche il sole. I contadini gridavano, accorrendo da tutte le parti: i cavalli e i cani, invece, fuggivano. Il padroncino Agostino m'apparve, tutto nero, grondante sudore, con in mano la scure per tagliare le piante. Aveva gli occhi come un pazzo. Aveva mandato un ragazzo a prendere il cavallo e correre qui per dare la notizia; non appena mi vide gridò: "Va tu, subito, ad avvertire in casa, che venga giú un dottore con qualche unguento per medicare zio Juanniccu". E il ragazzo lo mise a tagliare le piante. Ma io non ho voluto ripartire prima di vedere il padrone Juanniccu. È nella capanna di zio Saba, il quale non voleva lasciarmi entrare: io mi inginocchiai piangendo, e vidi il mio povero padrone steso sulle foglie; ha il viso bendato e non parla, non si lamenta: zio Saba l'ha unto con olio e avvolto con foglie fresche e con stracci. Non ha piú capelli né barba e alle sue vesti bruciate sono appiccicati brani di pelle. No, no, non voglio piú parlarne, non voglio piú ricordarlo... » ella gemette nascondendosi il viso coi capelli. « "Adesso è cotto davvero," mi disse zio Saba, spingendomi fuori; poi mi disse: "Senza di me egli moriva nel fuoco come una farfalla notturna. Il guaio è che era chiuso dentro, ancora stordito dalle bastonate di Agostineddu vostro. E Agostineddu vostro per medicina gli aveva portato il vino, e ne aveva dato anche a me, ed io m'ero addormentato in fondo al mio oliveto. Mi svegliò il fuoco; mi trovai in mezzo a una nuvola e subito dissi a me stesso: quel diavolo di Juanniccu, ubriaco e idiota com'è, ha attaccato fuoco alla casa. E sono accorso e ho gridato; ma ho una gamba sola, e il fuoco camminava piú svelto di me. Eppure son riuscito a buttar giú la porta, perché il fuoco, meno male, usciva dall'altra parte, spinto dal vento, e non so come ho tirato fuori il tuo padrone già mezzo abbrustolito; l'ho tirato fuori come un pane dal forno, cosí Dio mi assista nell'ora della morte. E ora," mi disse poi zio Saba, "le tue padrone diranno magari che sono stato io a incendiar l'oliveto!" »

Tacque, spaventata dall'ansare di Annarosa che si era rivolta col braccio sul muro e vi scuoteva sopra disperatamente la testa.

« Ebbene, che vuol fare? » riprese poi, accarezzandole timidamente una mano. « Sono cose del mondo. Piuttosto bisogna pensare a non far sapere nulla alla vecchia padrona, che, del resto, deve aver indovinato tutto. I vecchi e i paralitici *vedono* come i santi. Ma bisogna cercare d'ingannarla. Su, su, si faccia coraggio. Vede, la padrona Nina ha chiuso l'uscio della camera, e non viene fuori, sebbene abbia sentito rumore; non viene fuori per non allarmare la vecchia padrona. Vada dentro lei, adesso, e mi mandi fuori la padrona Nina per combinare il da farsi. Io tornerò giú subito al podere per prendere notizie. »

Allora Annarosa rientrò: s'inginocchiò presso il letto, nascose il viso sulla coltre. Le pareva d'essere avvolta da una nube di fumo, ma attraverso questa tenebra *vedeva*, nel chiarore sinistro dell'incendio, il corpo nudo bruciato dello zio.

« Nonna, » mormorò come in sogno, « perdonatemi. Ho pensato bene. Stefano tornerà. Lo manderò a chiamare... »

Quando si sollevò vide che la matrigna non era piú nella camera.

XIV

Ma il viso della nonna restava implacabile, pallido nel cerchio della cuffia nera, con un filo di luce fra palpebra e palpebra.

« Nonna, nonna, » riprese Annarosa, con una specie di cantilena con la quale cercava di assopirla e

in pari tempo di assopire il suo dolore, « è un cattivo
sogno quello che fate. Ma domani tutto sarà passato. C'è una bella luna, fuori, e mi par di sentire il
passo del cavallo di Agostino. Sale, sale nello stradone bianco, e riconduce a casa il povero zio Juanniccu. Non è cattivo, il povero zio Juanniccu, solo ha
il difetto di dire la verità, come nessuno piú osa dirla; e anche Cristo fu ucciso per aver detto la verità.
Oh, nonna; ma domani tutto sarà al solito. Sí, sento
davvero il passo del cavallo di Agostino, e mi pare
d'essere ancora bambina, quando nei giorni caldi di
estate mi mandavate coi fratellini a passare qualche
tempo lassú al Monte. E voi restavate a badare alla
casa, ma noi lassú si stava buoni solo a veder di lontano il paese e la nostra casa dalla quale ci pareva
che a voi bastasse di sollevare gli occhi per sorve-
gliarci. E venivate a trovarci, per un giorno solo; ma
che giorno era quello! Protesa su una roccia sopra il
sentiero sentivo da lontano il passo della vostra ca-
valla bianca, madre del cavallo di Agostino; e se chiu-
devo gli occhi vi vedevo salire attraverso il bosco,
seduta a cavalcioni sulla sella di velluto, fra due bisaccie colme di cose buone. Oh, nonna, come vi rin-
grazio di quei giorni di gioia che non torneranno mai
piú. Neppure il giorno delle mie nozze sarà un giorno di simile gioia. Ricordate, nonna? Si veniva incontro a voi fino alla *Tomba del gigante*, quella roccia obliqua che pare davvero una tomba gigantesca;
la vedo ancora: ha la forma di una lunga cassa di
pietra, con gli angoli smussati dalla lima del vento.
È coperta di un drappo di musco: i tralci d'edera fanno da corone. E posa su altre piccole roccie che sembrano omeri di giganti che la trasportino in cima alla
montagna, fermi lí a riposarsi un momento prima di

riprendere la strada; un momento che dura da secoli. Mi ascoltate, nonna? »

La nonna aveva un po' aperto gli occhi e la guardava come in sogno. Ed era tutta la notte di maggio, bianca e luminosa di luna, e di dolore e d'amore, che raggiava nel pallido viso proteso su di lei.

« Ricordate, nonna? Gli uccelli saltellavano sul musco della *Tomba del gigante*, e noi li imitavamo. Ed ecco, dunque, chi si vede arrivare, allo svolto del sentiero, ferma in sella come una torre sul Monte? Che gridi, nonna, io, Agostino e Gavino in braccio del servo Taneddu. E dietro di voi veniva il babbo nostro, smilzo e lungo sul suo cavallo nero come un cavaliere errante. Ma era incontro a voi che correvamo, nonna; e il servo vi porgeva il bambino che voi mettevate sull'arcioni, mentre io da una parte e Agostino dall'altra ci aggrappavamo all'orlo della bisaccia per vedere cosa c'era dentro. E al ritorno vi accompagnavamo fin laggiú, e il vostro sparire era come il tramonto del sole. L'ultima volta è stato nove anni fa; ricordo sempre quel tramonto rosso, nel bosco che pareva di corallo, sotto il cielo glauco, come in fondo al mare. Poi l'ombra. Il babbo è morto quell'inverno. Lo ricordate, quell'inverno, nonna? Anche io lo ricordo, e come! Neve, neve, vento, diluvio universale. Il nostro tetto sgocciolava pioggia da ogni tegola: l'acqua passava i muri, scendeva fin qui; il pozzo traboccava; una sorgente era sgorgata nell'orto e faceva torrente. E che vento, di notte! Mi ricordo, una notte, ci si alzò tutti; la casa traballava come per il terremoto: e tutti ci si mise intorno a voi che stendevate le ali della sottana per coprire Gavino piccolo e Agostino grandetto: e anche io e la mamma e la serva intorno a voi, accovacciate: intorno a voi, tutti, come i pulcini intorno alla chioccia. Fu la notte che tornò il babbo. Tornava da un viaggio di affari. Il temporale l'aveva colto per via. Era malato. Giorni dopo era morto. Lo tenevate voi fra le braccia come Cristo fra le braccia di Maria. La matrigna piangeva: non sapeva fare altro che piangere. Era tanto giovine ancora, sempre alla vostra obbedienza. La nostra mamma siete stata voi, mamma anche di lei. Come abbiamo pensato a disobbedirvi? Ecco vi rivedo, dopo la morte del babbo, a rimontare a cavallo e scendere al podere, e tornare alla sera, tra il vento, col cappotto del babbo, con le bisaccie delle olive. A volte, nella penombra della strada, s'io aprivo il portone per aspettarvi, mi pareva fosse proprio il babbo a tornare. Come si sogna a quindici anni! E come si soffre, di speranza, di umiliazione! Avevamo dei debiti: con la morte del babbo ne vennero su degli altri, che ignoravamo, come mali nascosti. E voi, con lo scialle chiuso sul viso, ad andare a cercare denari: sempre verso sera. E io lo sapevo, e vi aspettavo: che tappe terribili, su quel portone. Ah, nonna, tutto, fuorché l'umiliazione, avete ragione voi: tutto, fuorché l'umiliazione. Io sarò ricca e se una sera qualche vecchia o qualche signora decaduta verrà a chiedermi un prestito non lo negherò, certo. A voi, spesso, negavano i denari, nonna! Io odio ancora tutti quelli che vi hanno negato soccorso.

«Ma poi giunsero tempi migliori. I debiti pagati. Agostino diventato grande. Ecco, però, voi siete caduta, un giorno, quando finalmente potevate scendere al podere solo per divago, o uscire alla sera per andare alla novena, non per chiedere denari in prestito. Caduta! Come il ramo dell'albero. Ma no, non siete caduta, nonna: siete ancora il tronco, voi, e noi ancora tutti intorno a voi, nonna, come in quella notte di tempesta, tutti dritti, però, dritti a guardarci in faccia e pronti a sostenere con le braccia il tetto della casa perché non cada.

« Nonna, parlate, » disse infine, baciandole di nuovo la mano, « ditemi che mi avete perdonato. »

Ma la nonna continuava a tacere, sebbene il suo viso si ricomponesse alquanto e gli occhi placati si chiudessero.

"E se Stefano non volesse tornare?" pensò Annarosa.

« È andata lei, la mamma, » disse sottovoce, come parlando a sé stessa; « è andata lei, a chiamarlo. A quest'ora è già arrivata. È davanti al portone di zio Predu. La vedo. Il portone è chiuso; una frangia di ombra tremola sul muro del cortile, sotto il fico nero spruzzato di luna. La serva apre, adesso, ecco, ma la mamma non vuole entrare... La soglia le sembra una montagna... una cima aspra da guadagnare. Ma Stefano ha già sentito battere al portone e ha indovinato. Ecco, lo vedo uscire; la mamma gli dice solo poche parole: gli dice: "Annarosa desidera vederti". Ed egli non ascolta neppure che già si è avviato. La sola presenza di lei gli ha detto tutto. Ecco, vengono. Nonna, vengono! Stefano torna! »

Le ultime parole le disse con esaltazione, come se davvero sentisse i passi di Stefano nella strada: e la nonna, finalmente, agitò la mano in segno di risposta.

Allora Annarosa si tornò a piegare, stanca, sulla sponda del letto, affondando il viso sulla coltre, con le mani abbandonate una di qua una di là della sedia. Le pareva di esser riuscita a placare la nonna, di averla coperta con un velo d'illusione, e di poter andar fuori di casa per correre anche lei *laggiú*.

Il sangue che le batteva alla nuca le pareva il galoppare di un cavallo che la trasportava al luogo del disastro. I capelli le volavano sciolti come quelli di Mikedda. Tutto l'orizzonte ardeva di nuvole di fumo rosso, e il chiarore della luna impallidiva come al sorgere dell'aurora. Sulle chine ove ancora bruciavano gli alberi il fuoco pareva sgorgare dalla terra stessa, quasi si fosse aperto un cratere, mentre sul fianco già incendiato della valle sanguinavano i solchi ancora coperti di brage, come ferite su un fianco umano squarciato a morte.

E zio Juanniccu era là nella capanna davanti alla quale, al chiarore dell'incendio, zio Saba vigilava come la figura stessa, deforme e sorda, del dolore.

E le pareva che il vecchio le impedisse di entrare nella capanna, per non lasciarle vedere lo zio; ma era lei stessa che aveva paura di vederlo. Eppure egli era lí, davanti ai suoi occhi chiusi, come la serva lo aveva descritto, col viso bendato, il corpo ricoperto di foglie, appassite come su un ramo bruciato dal sole: e intorno a lui il paesaggio di fuoco, l'orizzonte incoronato di nuvole di fumo, il viso della luna che appariva e spariva fra quei vapori apocalittici come quello di un naufrago in un mare agitato.

E non sapeva perché, ella ricordava il rombo grave dell'organo in chiesa, nei giorni della passione di Gesú.

Il passo lieve della matrigna la richiamò dalla triste allucinazione. Guardò. La matrigna era al suo posto, fra il letto e la parete, come non si fosse mai mossa. Solo si allargava il fazzoletto sul mento e faceva un lieve cenno con la testa per significare che tutto era andato bene.

Infatti pochi momenti dopo arrivò Stefano. Entrò come al solito, col suo passo calmo, il viso pallido e quieto, come quando arrivava per le sue visite di fidanzato.

Diede un rapido sguardo ad Annarosa che s'era alzata e s'appoggiava al letto con l'aria stordita di chi si sveglia da un sonno pesante, poi si chinò sulla nonna e le posò la mano sulla fronte.

« Ebbene, come va? Che c'è stato? Ci siamo inquietati per niente; ma adesso bisogna calmarsi. »

La nonna scuoteva la testa, per liberarsi dalla mano di lui; ma egli insisteva, facendole dei cenni di intesa col capo, e la fissava negli occhi con uno sguardo profondo come volesse suggestionarla e imporle di credere nuovamente in lui.

E a poco a poco ella si calmò: volse un po' il viso sul guanciale, chiuse gli occhi, non si agitò piú.

« Il medico verrà a momenti; sono passato io stesso per chiamarlo, » disse Stefano, sedendosi accanto al letto. E prese la mano di Annarosa, che rabbrividí tutta.

In attesa del dottore e di notizie di *laggiú* stettero intorno al letto della nonna, parlando sottovoce. La matrigna aveva portato il lume in un angolo, dietro un vaso la cui ombra copriva tutta la camera; ma la luna alta batteva sui vetri e il suo chiarore irradiava l'ombra.

Nei momenti di silenzio si sentiva un usignuolo nell'orto: ed era tutta la frescura della notte sulla valle, l'ondulare degli olivi alla luna e il battere del ruscello al tronco del noce; e un pianto e un riso

d'amore, un pianto e un riso di dolore, che tremolavano nel suo canto.

Annarosa piangeva in silenzio, ma già aveva l'impressione che le sue lagrime cadessero sulla valle con
le note dell'usignuolo, in una rugiada che smorzava
l'incendio e rinfrescava il corpo bruciato dello zio.

Indice

Questo volume è stato ristampato nel mese di maggio 1987
presso Arnoldo Mondadori Editore S.p.A.
Stabilimento Nuova Stampa Mondadori - Cles (TN)
Stampato in Italia - Printed in Italy

Oscar Mondadori
Periodico trisettimanale: 16 agosto 1977
Registr. Trib. di Milano n. 49 del 28-2-1965
Direttore responsabile: Alcide Paolini
Spedizione in abbonamento postale TR edit.
Aut. n. 55715/2 del 4-3-1965 - Direz. PT Verona
OSC